ペットボトルからはじめる

水耕栽培とプランター菜園

文・イラスト　はたあきひろ

Contents

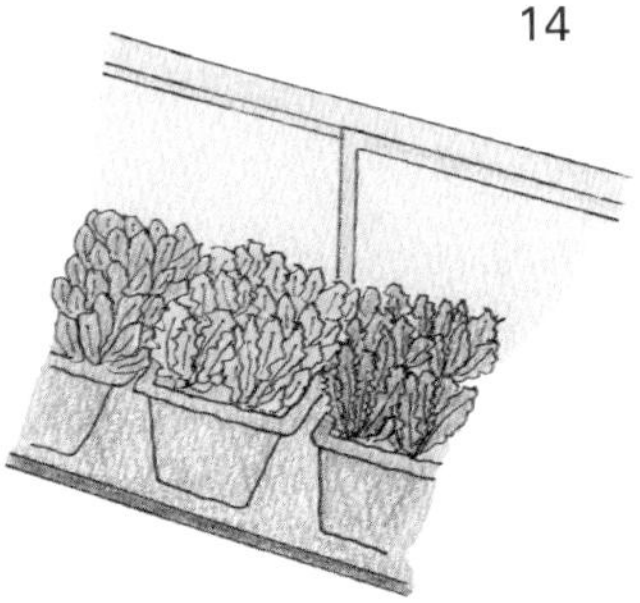

第2章 水耕栽培のおすすめ野菜10種……43

第3章 プランターで作る……55

葉菜類

果菜類

根菜類

水耕栽培やプランター栽培をおすすめするワケ

畑がなくたっていいんです！

家庭菜園に魅力を感じる人が増えてきています。特にコロナ禍により、家で過ごす時間が増えた人にとっては、家庭菜園はとてもスタートしやすい趣味といえます。子どもの成長を見守るのと同様に、日々野菜たちが育っていくのをチェックするのは、とても楽しいものです。さらに無農薬で育てた野菜はとてもおいしく、採れたての新鮮なものを口にできるのは、とても幸せです。

でも、野菜づくりをいざ始めようとなると「わが家には畑を作る場所がない」とか「貸農園を借りようとしてもあきがない」「貸

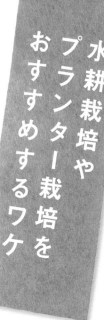

農園が遠くて通いきれない」などの悩みを持っている人も多いと思います。そこでおすすめしたいのが、プランター栽培と水耕栽培なのです。

プランター代わりになるものが家の中にありませんか？

まずは、プランター栽培を始めてみましょう。最初はプランターがなくてもいいのです。例えば、宅配便で使われる食品用の発泡スチロールボックス。実はこれには断熱性があり、夏の暑さや冬の寒さでも土の温度の変化が少ないので、野菜たちにとってはとても快適です。もちろん、底の部分はしっかり穴をあけて、水はけに留意はしなければなりません。そのほか、家の中で使い古したバケツ、お菓子の空き缶、ペットボトル、牛乳パックなどプラ

はたあきひろ

1967年生まれ。宮崎大学農学部卒。奈良市で家族5人分のお米と野菜を作り、自給自足生活を実践している。大手住宅メーカーの研究所や本社に23年間勤めた後、独立。現在は人と人、人と自然のつながりを大切にし、毎日丁寧に暮らすことを提案する『庭暮らし研究所』の代表。NHK総合テレビ「ぐるっと関西おひるまえ」では、野菜づくり講師として毎月出演。NHK出版ウエブ「みんなの趣味の園芸」でブログ発信。著書「コップひとつからはじめる 自給自足の野菜づくり百科」（内外出版社）ほか

ンター代わりになるものはたくさんあります。最初の一歩はあまり無理せず、楽しく始めることが大切です。

100均のプランターでも十分に使えます！

プランターのいいところは、あまりスペースを取らず、天候などにより栽培場所を変えたいなと思ったら、すぐに移動できることです。プランターを購入する場合、最初から高価なものにする必要はありません。100均のプランターでも十分です。ただし、土を入れ、水分を吸ったプランターはかなりの重さがあります。できるだけ耐久性のあるプランターを選ぶようにしましょう。

ペットボトルや発泡スチロールボックスもプランター代わりになる

さらに簡単な水耕栽培
室内でも野菜づくりが可能！

水耕栽培は、栽培経験がなくても日照条件が悪くても大丈夫。ちょっとした工夫で、だれでも野菜づくりができます。例えば豆苗《とうみょう》なら、スーパーの豆苗を再生栽培すれば簡単にできますし、モヤシ栽培なら、タネと水だけで栽培可能です。ほかにも水耕栽培ができる野菜はいっぱいあります。水耕栽培は野菜づくりに必須と思われがちな光や土や肥料がなくてもいいのです。

この本は、みなさんの菜園ガーデニングライフが豊かになるためのサポート本です。さあ！　気に入った方法で、レッツ・トライ！　菜園生活！

これから**水耕栽培**
プランター栽培を始める人に

どの分野の専門家だって、はじめは素人です。私は今では野菜づくりはもちろん、園芸と造園全般の専門家ですが、そのスタートは祖母がくれたトマトやキュウリ、ナスの苗を植え付けた小3まで遡ります。祖母の指示通り育てたらうまくいき、家族にとてもほめられたことが、今の自給自足の原点だと思っています。この本で私は、**野菜づくりスタートのキッカケづくり**をお手伝いできたらと考えています。

提案するキッカケ その1

水耕栽培！

コロナ禍の中、自宅で過ごす時間が増えた人も多いのではないでしょうか？畑や庭やベランダがないのはもちろん、わざわざ土や鉢を買うのはまだ敷居が高いなぁと感じている人でも野菜づくりができるのがズバリ水耕栽培です。室内なら寒い冬でも栽培可能ですし、なんと！　観葉植物としても楽しむことができるのです。高齢者でも無理なく始めることができます。

提案するキッカケ その❷

１００均プランター菜園！

１００均のプランターは意外とスグレモノです。この菜園で気をつけたいことや、育てられる野菜を紹介します。コンパクト菜園になるので、水やりなどのお手入れも簡単で無理なく継続できます。他に１００均プランターの代わりになるグッズも紹介します。

提案するキッカケ その❸

生ごみを野菜に変える！

家庭内から出る生ゴミは意外とカンタンに健康野菜に変えることができます。おしゃれに！　エコに！　健康に！

提案するキッカケ その❹

室内でモヤシを育てる！

日当たりが悪くても、室内でできるお手軽菜園を紹介します。

提案するキッカケ その5

放任管理できるハーブを育てる！

小さな植木鉢でも、簡単に育てられるハーブとその活用方法を紹介します。少しのハーブがあれば暮らしがこんなにも豊かになります。

提案するキッカケ その6

食べることができる花を育てる

美しい花を飾りながらサラダの色どりにも使う！　育てて、見て、味わう！　お花畑菜園！

どんなことであれ「始まり」とは、何かちょっとしたキッカケから生まれるものです。私はこの本の役割は、みなさんにとって無理のない菜園生活のキッカケと考えています。失敗を恐れることなく、できるところから気軽にトライしてくださいね。小さな成功体験の積み重ねが、暮らしをより心豊かなものにすることを確信しています。

私が作ったＹｏｕＴｕｂｅの「1分でだいたいわかる野菜づくり」の動画も参考にしてください。

YouTube

園芸研究家はたさんの野菜づくりチャンネル

Lesson 01 - 06

第1章

水耕栽培で作る

Lesson 01

水耕栽培はまったくの初心者でも大丈夫！

最初に野菜づくりを楽しみたいと思っている人におすすめなのが、水耕栽培です。その魅力はいろいろありますが、特別な容器や土、肥料などが必要でなく、やろうと思えばすぐに始められ、すぐにやめることができる。さらに天候にも左右されません。

水耕栽培のメリット①

すぐにスタートできる！

水耕栽培の場合、容器と水とスポンジという、いわゆるどこの家にでもあるもので、すぐ始められます。タネは購入しますが、ネットで注文すれば翌日には届く時代です。園芸

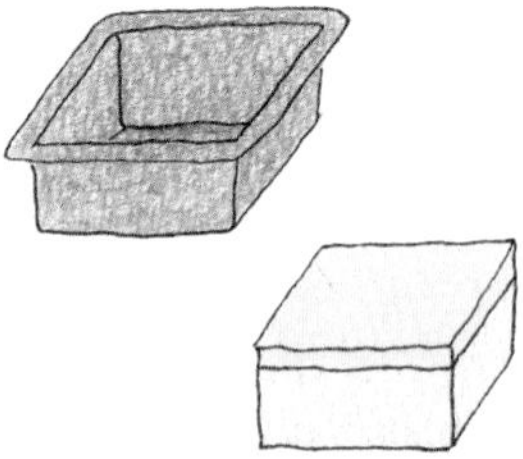

用土もネットで購入できますが、大きくて重量があるので、送料が結構掛かり割高になってしまいます。

水耕栽培のメリット②

すぐにやめれる！

別に3日坊主でも良いじゃないですか。実は私もそうなんです。いつでもやめられると思えば気が楽でしょう。こんなふうに開き直ればポジティブ&アクティブライフが始まりますよ。

水耕栽培のメリット③

省スペースの室内でOK！

私の知人は加齢のための膝の痛みで、立ったり座ったりの動きを敬遠しがちだとか。でも水耕栽培なら、室内で楽しむことができるから大丈夫。栽培キットをテーブルの上に置いて、イスや車イスに座ってラクに作業を楽しむこともできます。

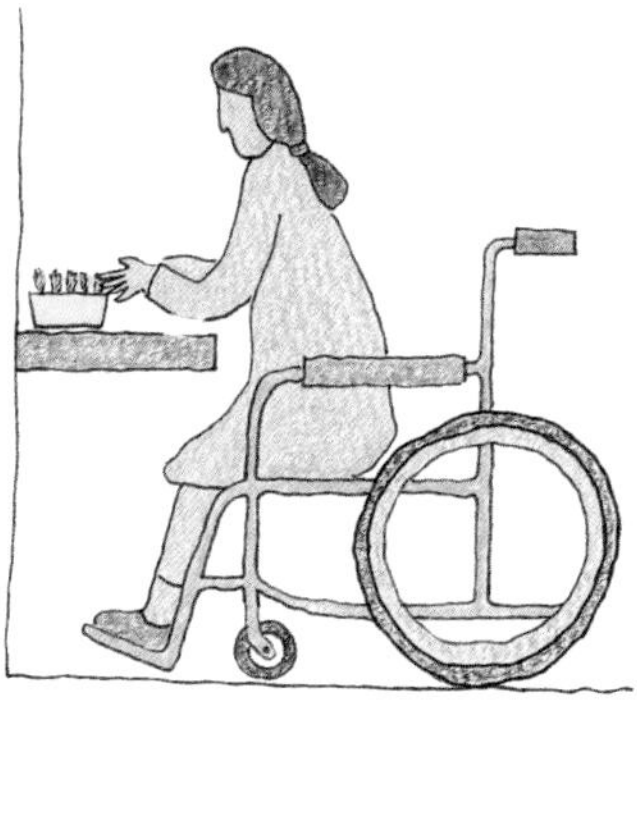

水耕栽培のメリット④

観葉植物にもなる！

水耕栽培植物はインテリア植物としても楽しむことができます。

水耕栽培のメリット⑤

重労働がない！

土入りのプランターを運んだり、庭を耕す必要がないので、力仕事が苦手な女性や高齢者の方でも気軽に楽しむことができます。

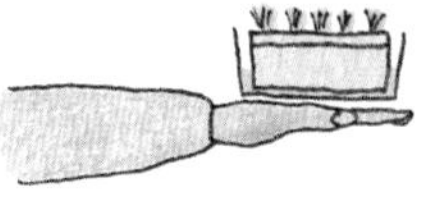

水耕栽培のメリット⑥

季節や天候の影響を受けにくい

人間が快適と感じる温度と、野菜が発芽したり生育したりする温度は、ほぼ一緒です。水耕栽培は室内で行うので外気温や天気に関係なく、年中楽しむことができます。

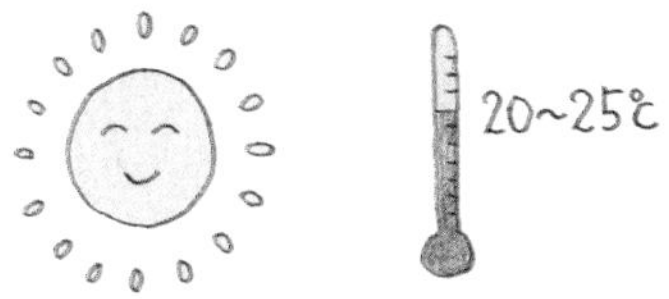

室内で気軽にできるのも水耕栽培の魅力

Lesson 02

水耕栽培で揃えたい道具と肥料

水耕栽培はわざわざホームセンターや園芸店に行かなくても、家にあるものやスーパーや100均ショップで購入できる商品で栽培することが可能です。キッチンにあるもので始めてみましょう！

肥料だけは購入する必要があります。水耕栽培は、文字通り土を使わずに植物を育てます。一般的なガーデニングでは、良い土に肥料を保持させて植物を成長させますが、水耕栽培は土がないので、水に溶ける液体肥料を与えます。おすすめの水耕栽培の肥料の使い方や特徴を紹介します。

	普通のプランターの場合	水耕栽培の場合
植え付け場所	園芸用土（花や野菜の土）	スポンジやキッチンペーパー
容器	プランター	ペットボトル、豆腐や紙コップの容器など
肥料	液体&固形肥料OK（有機肥料&化成肥料OK）	液体肥料のみ（化成肥料のみ）
道具	移植ゴテ	カッターナイフ

液体肥料は吸収が早く効きやすいです

液体肥料は原液を水で薄めたり、粉状のものを水に溶かしたりして使います。植物の根が水と一緒に吸収するので効果が早く出ます。プランター栽培などで使う**固形肥料は、微生物などが分解するまでに時間がかかるので、水耕栽培には使いません。**

水耕栽培に適した液体肥料は化成肥料タイプです

液体肥料には「有機肥料」と「化成肥料」の2つタイプがあります。**水耕栽培では化成肥料の液体肥料のみを利用**します。**「有機肥料」だと、水が濁り、時には腐る場合もあるから**です。一方、人工的に作られた「化成肥料」はあまりそうはなりません。

Point

スポンジ選びのポイント

スポンジには、ソフトと研磨剤入りのハードタイプがありますが、前者を選びます。**ソフトの中でも2層になっているものがおすすめ**です。因みに2層タイプは、1層が不織布（ポリエステル）、もう1層がスポンジ（ポリウレタンフォーム）になっている場合が多いです。

スポンジの商品説明を確認して下さい

水耕栽培をペットボトルで楽しむ場合

準備するもの

❶ ペットボトル
❷ カッターナイフ
❸ スポンジ
❹ 野菜のタネ（リーフレタスなど）
❺ 液肥

手順

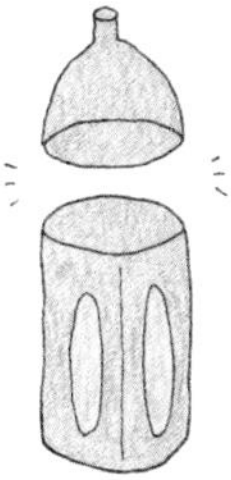

① ペットボトルの上部飲み口から7～8㎝のところで切ります

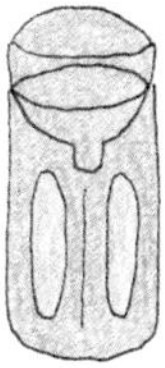

② 飲み口側を逆さにして、下部にセットします（キャップは不要です）

③ スポンジを3㎝角に切って、不織布側に深さ2㎝の切れ込みを、十字に入れます

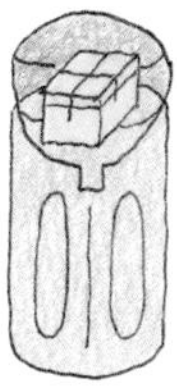

④
・ペットボトルに水を入れた後、スポンジをセットし、スポンジに吸水させます。
・バジルやリーフレタスのタネなどを十字の中心部に2～3粒差し込みます。
・芽が出るまで乾かさないようにします

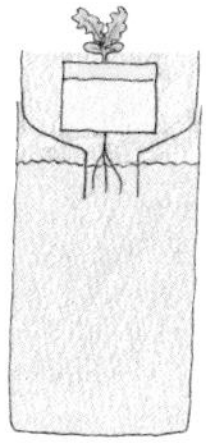

⑤
・発芽したら明るく風通しのよい窓辺などに置きます。
・根がのびてきたら、根の半分が水に浸かる程度に水位を下げます

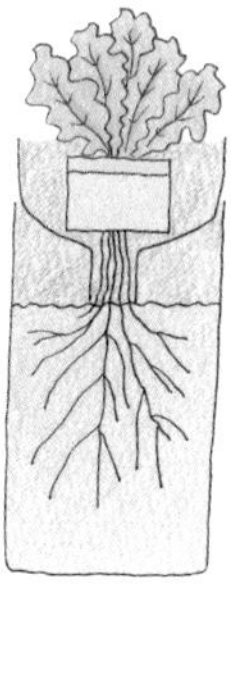

⑥
・キャップの部分まで根がきたら、液肥を与えます。
・その後は、キャップの部分までの水位をキープします。
・ペットボトルカバーやアルミホイルでペットボトルを包むと、根がよくのびます。
・根が成長すると水が汚れやすくなるので、こまめに水を替えます。
・傷んだ根は切り戻してもいいです

Lesson 03

水耕栽培に成功するポイント

簡単に始められる水耕栽培ですが、光を好むか嫌うかなど、タネによる性格を知ることが重要ですし、栽培に適した環境づくりも大切になってきます。

タネの性格を知りましょう！

タネには、好《こう》光《こう》性《せい》種《しゅ》子《し》と、嫌《けん》光《こう》性《せい》種《しゅ》子《し》があります。

好光性種子

発芽する時に光を必要とする植物のタネのことです。好光性種子は土で野菜を育てる時には、タネをまいた後にタネの上に土をかける土（覆土《ふくど》）を少なくします。水耕栽培ではスポンジの上にタネをまいて、タネに光が当たるようにします。ただ、そのままではタネが乾燥するので、乾燥を防ぐ目的でトイレットペーパーを使います。

代表的な 好光性種子
バジル、ニンジン、リーフレタス、シュンギク、サンチュ、ミツバ、セロリ、シソ、ブロッコリー、チンゲンサイなど

嫌光性種子

発芽する時に光を必要としない植物のタネのことです。一般的に、このタイプが多いです。土で野菜を育てる時には光を遮るために、タネまき後はタネの上に細かい土をかけます。水耕栽培では、スポンジにカッターなどで切れ目を入れて、その中にタネをまきます。

代表的な 嫌光性種子
コマツナ、ミズナ、ダイコン、ネギ、ニラ、パクチーなど

タネには発芽適温があります

多くの野菜の発芽適温は20～25℃です。この温度は人間が最適と感じる温度です。水耕栽培のタネまきは室内で行うので、屋外で行う家庭菜園と比べると発芽適温でタネまきできる環境が作りやすいと思います。

タネまきのポイント

水耕栽培を成功させるには、**「きれいな水」と「たっぷりの光」が最も大切**です。これらを踏まえ、大切な6つのポイントをご紹介します。

Point 1 栽培容器
（スポンジ、紙コップ、ペットボトル、タッパー、豆腐容器など）

スポンジを使う場合は、やわらかいタイプを選びます。硬いとすき間が少なく、根をのばすことができないからです。栽培容器も形や色にこだわると、おしゃれ度がアップします。

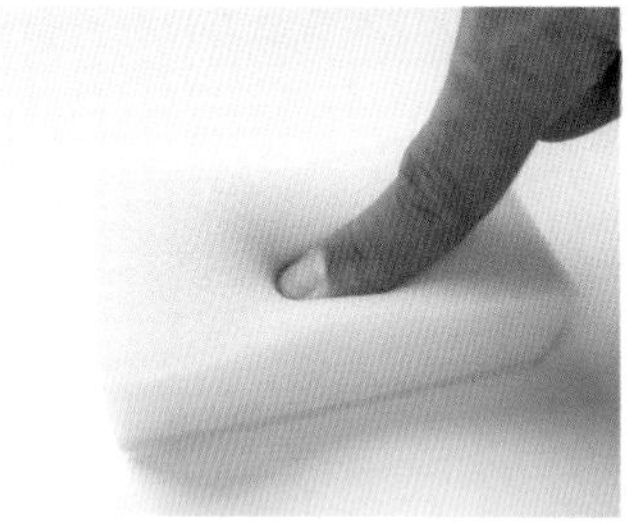

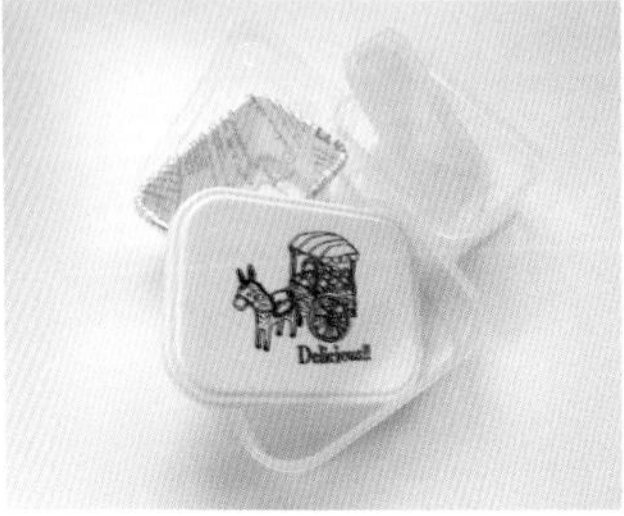

Point 2
十分な日光

一日に最低でも3〜4時間は日光に当てたいものです。日照不足になると、水耕栽培の植物は光合成ができず、十分に育つことができません。マンションなら日の当たる窓辺で育てるようにします。日が当たりにくい環境なら、植物栽培用の照明器具を購入して人工光で育てるのもひとつの方法です。卓上用のＬＥＤ照明でも効果があります。

Point 3
きれいな水

水の汚れは植物が枯れる原因になります。水道水なら毎日新しい水に替えることが理想です。ただ忙しい時は、水を替えずに栽培容器を揺らして、中の水を動かすだけでもいいです。1日1回でも水が動くと、空気中の酸素を水の中に取り込みやすくなります。屋外にバケツなどを置いて雨水を貯め、これを利用するのもおすすめします。私の経験では、雨水は酸素量が豊富なのか、成長が良い気がします。

Point 4

根の着水範囲

これも大切なポイントです。根は水や養分を吸いますが、同時に酸素も取り込んでいます。根の先端だけ水に浸けて、根と茎の境目は空気に触れさせておくのが理想です。一日の給水量は野菜や成長過程によって異なります。よく観察して根の着水範囲を決めてください。

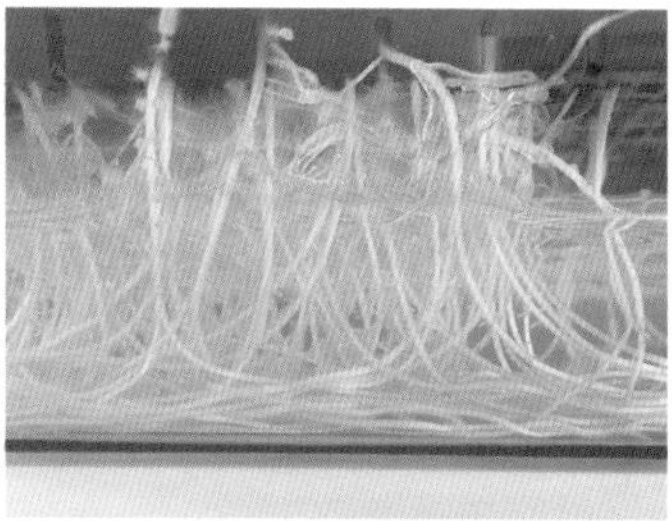

Point 5

肥料は希釈倍率や頻度を守る

水耕栽培専用の肥料「ハイポニカ」などでも良いですが、市販されている液肥で「水耕栽培にも使えます」と説明書きにあるものなら大丈夫です。希釈倍率や頻度は守ってください。与えすぎは逆効果です。

Point 6

水耕栽培キットの選び方

自作の栽培キットではなく、インターネットやホームセンターで水耕栽培が楽しめるキットを購入する方は、「インテリア性を追求したい」「時間はないけど水耕栽培を楽しみたい」などの目的に応じて良い商品選びをしてください。

コマツナの水耕栽培

1

まずは、スポンジ、容器、コマツナのタネを準備します。

2

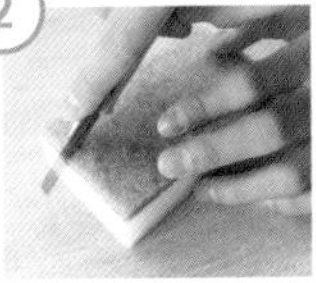

カッターでスポンジに深さ2㎝の切り込みを2列作ります。

3

容器いっぱいに水を入れます。

4

手でスポンジを押さえて吸水させます。

5

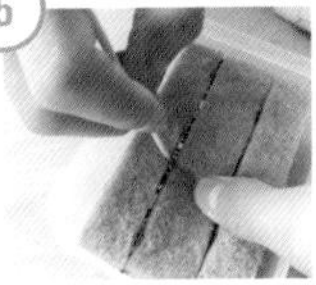

コマツナのタネを竹串などを使って切れ込み内に入れます（約5㎜間隔）。

6

その後、軽く霧吹きします。

7

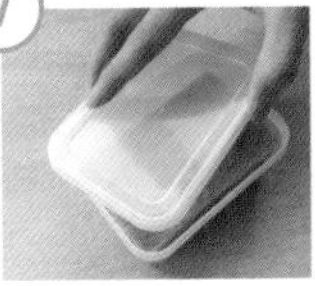

乾燥を防止するため、軽くフタをします（空気を入れたいのでフタは置く程度）。

8

3〜4日で発芽し、1週間くらいでスポンジの底から根が出てきます。できるだけ日の当たる窓辺などで育ててください。日照が期待できない場合は、卓上照明などを当てます。

9

スポンジの底から根が出てきたら、容器にハイドロボール※を深さ2㎝程度入れます。

10

根に光を当てないようにするため、容器のまわりをアルミホイルで覆います。水はハイドロボールが浸るくらいにします。スポンジをハイドロボールの上に置きます。1週間に1回液肥を与えます。

11

間引き菜から収穫を楽しんでください

※ハイドロボール…粘土を高温で焼いて発泡させたボール状の土。細かい穴の中の空気が植物に酸素を供給する

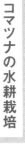

Lesson 04

スーパーの野菜で菜園生活スタート 再生野菜でお手軽に

スーパーの野菜はまだ生きている野菜と、そうではない野菜のふたつに分類できることに気づいていますか？　例えばネギは、根が付いているからまだ生きている野菜、一方レタスは、根が付いていないからそうではない野菜です。今回注目したいのは前者の野菜です。**基本的に根が付いている＝まだ生きている！　と判断してもらって結構**です。その中でも、食べた後に根を残して育てると再生（リボーン）する野菜を取り上げます。最近では、「再生野菜」または「リボーンベジタブル＝リボベジ」ともいい、**室内でも手軽に育てられるので人気があります**。

豆苗のリボベジ10日後

再生野菜のメリット①

スタートが簡単!

再生野菜も水耕栽培の一種です。特別な道具を必要としませんし、苗はスーパーで買えます。

準備するものは、たった3つだけ!!

❶ 野菜の根、ヘタ
❷ 容器（お皿、グラス、豆腐のパックなど）
❸ 水道水

再生野菜のメリット②

すぐに収穫!

スタートして1〜2週間で収穫可能です。

再生野菜のメリット③

とってもお得!

豆苗1パックを買って、うまくいけば3パック分も育てて食べることができます。

再生野菜のメリット④

観葉植物にもなる!

成長スピードが速いので、動きのあるインテリア植物になります。

再生野菜のメリット⑤

子どもとエンジョイ!

ドンドン成長する再生野菜を見ていると、子どもと一緒に楽しめます。

おすすめは何といっても豆苗！
再生にチャレンジ！

代表的なリボベジは豆苗《とうみょう》です。
豆苗は読んで字のごとく豆の苗です。

豆苗のリボベジスタート

豆苗のリボベジ10日後に収穫し、さらに10日経ったところ（2回目）

Point リボベジを成功させるポイント

Point 1 毎日流水で根を洗い水を替えます

根にきれいな水を与えることも大切ですが、実は根から出る老廃物を洗い流すことはもっと大切なのです。

Point 2 根の半分より上は水に沈め空気にさらします

根は水以外に空気を吸うので、根を沈めると呼吸できなくなります。

Point 3

やや大きめの容器に入れて根の広がるスペースを確保します

植物は成長にともない根をのばそうとします。まず根がのびて、葉が大きくなります。

Point 4

明るい窓辺に置き毎日90度回転させます

四方向まんべんなく日を当てることによって、ストレスなくまっすぐに健やかに成長します。

Point 5

器にこだわるとインテリアグリーンになります

鑑賞しつつ食べて楽しむことができます。

その他おすすめのリボベジ

ニンジン&ダイコン

いつもは捨ててしまう切り落としたヘタ部分を水につけて育てるだけです。

ニンジンの葉には、βカロテンやビタミンEが含まれています。ダイコンの葉は、ゴマ油で炒めて自家製ふりかけにするとおいしいです。いずれも、なるべく浅めの容器がおすすめです。ヘタが半分浸るくらいの水量で育てます。

バジル&ミント

ハーブは少量で事足りることが多いですよね。リボベジがあると、わざわざ購入する必要がありません。購入して余ったバジルやミントは、根が付いていなくても水に浸しておけば、数日後に根が出てきます。水に浸る部分の葉は取り除き、日当たりの良い室内に置いてください。

Lesson 05

自宅でカイワレや健康スプラウトを作ろう！

「スプラウト」とは、発芽してから数日経った野菜の新芽のことです。スーパーでよく見かけるカイワレダイコンやブロッコリー・スプラウトのことです。意外に身近な野菜だということが分かりますよね。1990年代にアメリカのガン医学の研究で「**ブロッコリー・スプラウトには健康効果が高い！**」と発表されると、**世界中でブームが巻き起こりました。**

スプラウトの魅力1 栄養豊富！

小さな芽ですが、栄養豊富です。ビタミンはもちろん、ファイトケミカル（抗酸化物質をはじめとする植物由来の化学成分）をギュッと含んでいます。植物が大きく成長するために必要な栄養やパワーも含まれています。

スプラウトの魅力 2

カンタン料理！

収穫も簡単！　サラダなどにトッピングするだけのカンタン調理も魅力のひとつです。肉巻き、魚料理や冷奴などにも使うことができます。

スプラウトの魅力 3

スピーディーに栽培！

スピーディー＆手軽に作れます！　キッチンなどの室内で、水だけで一年中手軽に栽培できるスプラウト。タネまきから収穫までの期間は１週間程度、とスピーディーに栽培できます。市販されている専用の栽培容器を使えば、だれでも簡単に育てることができます。

スプラウトの魅力 4

無農薬栽培が可能！

土を使わないうえに、栽培期間が短いので無農薬栽培が可能です。

栽培前に知っておきたいこと

❶ **栽培適温**
18～25℃です。

❷ **栽培場所**
室内の夏涼しく、冬は暖かい所で栽培します。冷暖房の風や直射日光が直接当たる場所は避けましょう。

❸ **購入するタネ**
必ずスプラウト用のタネを使用します。

Point

栽培のポイント

水耕栽培で成功するポイントは、タネが快適に成長できる環境を作ることです。絶えずきれいな水を維持し、適切な水分量を保つようにしましょう。

Point 1

タネ同士が重ならないように

タネは水を含むとふくらみます。ふくらんだ時にタネ同士が重ならないように7〜8割程度の面積にタネをまきます。

Point 2

タネに十分に吸水させる

タネをまいた初日はたっぷりの水につけ、5時間吸水させます。十分吸水するのに必要な水量は、タネがすっぽりかぶるくらいが目安です。

カイワレスプラウト

1日目

3日目

Point 3

水の量に注意をする

2日目以降も毎日水やりをします。暑い時期などは、こまめに行います。水の量は、タネが半分程度、水に浸かるくらいにします。タネは水と同時に酸素も必要とします。水の量が多すぎるとタネが腐ります。

Point 4

葉には水をかけない

根がまんべんなく生えてきた時も、水の量は、根の半分が水に浸かる程度にします。できるだけ葉に水がかからないようにします。

Point 5

緑化してから収穫する

収穫1~2日前にレース越しに光を当て、緑化させます。収穫時はハサミなどで根元から好みの長さにカットして、食べる前にしっかり水洗いします。

4~5日目

6~7日目

約8日目(完成)

栽培キットでカイワレスプラウトを育ててみましょう！

栽培キットを使ってカイワレのスプラウトを作ってみましょう。ダイコンのタネから発芽したスプラウトですが、栄養もあり、サラダや添え物など多くの料理で役立ちます。

準備するもの

❶ 栽培キット
❷ スプラウト用のタネ
❸ 霧吹き

スプラウトの栽培を成功させるには、なんといっても清潔第一！　栽培キットは使う前によく洗って、清潔にしてから始めます。

手順

カイワレスプラウトのタネまきの場合

発芽の最適気温は25℃です。タネを栽培キットに重ならないように並べて、タネの半分が隠れる程度まで水を入れます。タネが完全に水に浸かってしまうと、タネが呼吸できずに腐ってしまいます。

栽培1日目

アルミホイルでフタをして、ダンボールの中に入れます。タネに直接手で触れると雑菌が付着するので、気になるようなら、割ばしなどを使います。

栽培2日目

タネが水を吸ってふくらんできます。容器内の水は1日1〜2回交換します。暗い場所で育てます。

栽培3日目

条件が良ければ発芽します。まだ暗い所で育てましょう。水の量は、タネが半分程度、水に浸かるくらいにします。1日2回は水を交換します。

栽培4〜6日目

根がどんどん育ちますので、徐々に容器の水を少なくしていきます。根の半分が水に浸かるようにします。こまめに水の交換を行います。そのまま暗い所で育てます。

栽培7〜8日目

根が十分にのびて、茎が5〜6㎝ほどになったらいよいよ食べごろです。そのままでも食べられますが。1〜2日位日に当てて緑化するほうが栄養も高まり、見た目も良くなります。直射日光は避けて、レースのカーテン越しに日を当てて緑化させます。

収穫

できたスプラウトは、根元をハサミで切って収穫します。根っこも栄養たっぷりなので、ハサミで切らず根ごと引き抜く収穫方法でもいいです。

Lesson 06 ダンボールでモヤシづくり

日当たりの望めない部屋でも栽培が可能な野菜があります！ それは、野菜づくり入門として最適なモヤシです。

❶ 日光に当てない
❷ 1日2～3回の水の管理

❶❷の2点をおさえれば、**1週間から10日で収穫できて手軽です**。キッチンで簡単に管理ができ、緑豆や大豆などのモヤシが手軽に育てられます。

準備するもの

❶モヤシのタネ
（緑豆や大豆など）
❷浅めの広口瓶
❸ガーゼや水切りネット
❹輪ゴム
❺ダンボール

タネの選び方

モヤシ栽培専用のタネとして販売されているものか、食用の大豆などを使います。ホームセンター、園芸店やネット通販で購入できます。

市販されている野菜のタネのなかには、殺菌剤で処理されている物もあるので避けてください。

モヤシの種類

緑豆（グリーンマッペ）
茹でたり炒めたりする一般的なモヤシです。

大豆
しっかりしたモヤシになるため、ナムルなどに適しています。

ブラックマッペ
シャキッとした歯ざわりのモヤシです。

レンズマメ
4～5日で収穫できる早どれモヤシです。

スプラウトとの違い
モヤシもスプラウトの一種で、発芽から収穫まで日光に当てずに育てたものを指します。スプラウトは、成長過程や収穫直前に日光を野菜に当てたものです。

手順

緑豆（グリーンマッペ）

栽培1日目

① 浅めの広口瓶にモヤシのタネを1～2列程度入れます。

② 瓶の8分目まで水を入れて、タネを8時間吸水させます。このとき、瓶の口をガーゼで覆ってふたをして、輪ゴムで留めます。タネがモヤシに成長すると20倍近くになるので、タネは入れ過ぎないように注意しましょう。

栽培2日目

水が少し濁ってきますが、心配する必要はありません。

① ガーゼをはずさずに水を捨て、再び水を入れて容器を振って、濁りを減らします。これを2、3回繰り返します。

② 水が濁らなくなったら、しっかりと水切りをします。

③ ダンボールの中に入れ、さらに棚の中など暗室に入れます。

④ 1日2～3回、水が濁ったらこの作業を繰り返します。水が濁っているとモヤシが腐りやすくなるので気をつけましょう。

栽培3日目

3日目くらいから発芽が始まります。

【収穫までの共通作業】

❶1日2～3回、ガーゼを付けたまま瓶の中にきれいな水を勢いよく入れて対流させ、もやしの上下を入れ替えるようにします。

❷しっかりと水切りをしてから、光が当らないようにダンボールの中に入れます。

栽培4～5日目

モヤシの茎の部分がのび始めます。一度ガーゼをはずして、タネからはずれた殻（種皮）が浮いてくるので可能な限り取り除きます。

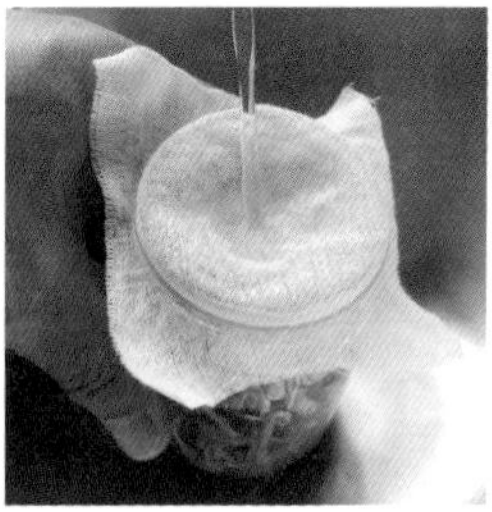

栽培6日目

モヤシの茎がだいぶのびてきて、根も出始めます。

栽培7～10日目

モヤシの茎が6～7㎝になったら収穫のタイミングです。平均して、7～10日程度で収穫することができます。

栽培時の注意点

20℃～30℃の室内で育成します。最低気温を15℃以上にします。25℃以上の時は、傷みやすいので、朝昼晩と1日3回くらい水を換えるようにします。

第2章

水耕栽培のおすすめ野菜10種

1

カイワレスプラウト

「スプラウト」といわれる前から「カイワレ大根」として食卓に定着していました。抗酸化作用や抗菌作用があります。ピリッとした辛みがあり、各種サラダや料理の付け合わせなどに使われます。

1 タネまき

容器の底にペーパータオルを入れ、水を浸るくらい入れます。タネ同士が重ならないよう、底面積の7～8割程度にタネをまきます。

2 遮光する

容器にフタを被せ、ダンボールなどの中に入れます。

3 毎日水やり

水の量の目安は、タネや根が半分水に浸かる程度です。タネや根は、水と同時に酸素も必要とします。水量が多すぎるとタネや根が腐ります。

4 収穫（7～10日目）

高さが約10㎝になり双葉が開いたら、2～3日窓際に移し緑化させれば収穫です。

カイワレスプラウト（9日目）

2

ブロッコリースプラウト

健康維持を助ける成分の「スルフォラファン」が、成熟のブロッコリーの約8倍あります。お豆腐などの薬味やサラダ、スープなどに利用できます。栽培が容易で、失敗が少ないです。

1 タネまき

容器の底にペーパータオルを入れ、水を浸るくらい入れます。タネ同士が重ならないよう、底面積の7〜8割程度にタネまきします。草丈が低いので容器として浅めの陶器でも良いです。

2 遮光する

容器にフタを被せ、ダンボールなどの中に入れます。陶器の場合は、アルミホイルを被せて遮光します。

3 毎日水やり

水の量の目安は、タネや根が半分水に浸かる程度です。タネや根は、水と同時に酸素も必要とします。水量が多すぎるとタネや根が腐ります。

4 収穫（7〜10日目）

高さが約6㎝になり双葉が開いたら、2〜3日窓際に移し緑化させれば収穫です。

ブロッコリースプラウト（10日目）

3

エンツァイスプラウト

アサガオ菜ともいいます。東南アジアでの栽培が多く、サツマイモに似た葉茎を食用にします。ビタミンやミネラルをたくさん含んでおり、油炒め、スープ、お浸しなどに使うことができます。

1 タネまき

発芽温度が高いので20℃以上が理想です

容器の底にペーパータオルを入れ、水を浸るくらい入れます。タネ同士が重ならないよう、底面積の7～8割程度にタネまきします。

2 遮光する

容器にフタを被せ、ダンボールなどの中に入れます。

3 毎日水やり

水の量の目安は、タネや根が半分水に浸かる程度です。タネや根は、水と同時に酸素も必要とします。水量が多すぎるとタネや根が腐ります。

4 収穫(10～15日目)

高さが約6cmになり双葉が開いたら、4～5日窓際に移し緑化させれば収穫です。

エンツァイススプラウト(15日目)

4

豆苗《とうみょう》スプラウト

豆苗はエンドウ豆の苗です。エンドウ豆特有の香りとほんのりとした甘みがあります。シャキシャキとした食感で、いろいろな料理に使うことができます。

1 タネまき

容器の底にペーパータオルを入れ、水を浸るくらい入れます。タネ同士が重ならないよう、底面積の7～8割程度にタネまきします。

2 遮光する

容器にフタを被せ、ダンボールなどの中に入れます。陶器の場合は、アルミホイルを被せて遮光します。

3 毎日水やり

水の量の目安は、タネや根が半分水に浸かる程度です。タネや根は、水と同時に酸素も必要とします。水量が多すぎるとタネや根が腐ります。

4 収穫（10～15日目）

高さが約10㎝になり双葉が開いたら、2～3日窓際に移し緑化させれば収穫です。

豆苗スプラウト（15日目）

5

マスタードスプラウト

西洋カラシ菜（マスタード）のスプラウトです。ピリッとしたカラシ風味を楽しむことができます。ソーセージなどの肉料理や卵料理によく合います。ホットドッグやサンドイッチなどに使うと味が引き立ちます。

1 タネまき

容器の底にペーパータオルを入れ、水を浸るくらい入れます。タネ同士が重ならないよう、底面積の7〜8割程度にタネまきします。草丈が低いので容器として浅めの陶器でもいいです。

2 遮光する

容器にフタを被せ、ダンボールなどの中に入れます。陶器の場合は、アルミホイルを被せて遮光します。

3 毎日水やり

水の量の目安は、タネや根が半分水に浸かる程度です。タネや根は、水と同時に酸素も必要とします。水量が多すぎるとタネや根が腐ります。

4 収穫（7〜10日目）

高さが約4〜5㎝になり双葉が開いたら、2〜3日窓際に移し緑化させれば収穫です。

マスタードスプラウト（10日目）

6

レッドキャベツ

茎が赤紫色でサラダのトッピングにも最適です。味にはクセがなくマイルドです。肉類の消化を助ける酵素が豊富に含まれていて、抗酸化作用が強いことが特徴です。ビタミンCも含まれている健康野菜です。

1 タネまき

容器の底にペーパータオルを入れ、水を浸るくらい入れます。タネ同士が重ならないよう、底面積の7～8割程度にタネをまきます。草丈が低いので容器として浅めの陶器でもいいです。

2 遮光する

容器にフタを被せ、ダンボールなどの中に入れます。陶器の場合は、アルミホイルを被せて遮光します。

3 毎日水やり

水の量の目安は、タネや根が半分水に浸かる程度です。タネや根は、水と同時に酸素も必要とします。水量が多すぎるとタネや根が腐ります。

4 収穫（10～12日目）

高さが約4～5㎝になり双葉が開いたら、2～3日窓際に移し緑化させれば収穫です。

レッドキャベツ（12日目）

7

青ジソスプラウト

和食の薬味としておなじみの青ジソ（大葉）のスプラウトです。刻んでドレッシングなどに入れてもおいしいです。さわやかな風味のスプラウトをお刺身や生ハムで巻くのもいいでしょう。

1 タネまき

容器の底にペーパータオルを入れ、水を浸るくらい入れます。タネ同士が重ならないよう底面積の7〜8割程度にタネをまきます。草丈が低いので容器として浅めの陶器でもいいです。

2 遮光する

容器にフタを被せ、ダンボールなどの中に入れます。陶器の場合は、アルミホイルを被せて遮光します。

3 毎日水やり

水の量の目安は、タネや根が半分水に浸かる程度です。タネや根は、水と同時に酸素も必要とします。水量が多すぎるとタネや根が腐ります。

4 収穫（15〜20日目）

高さが約4〜5㎝になり双葉が開いたら、2〜3日窓際に移して緑化させれば収穫です。

青ジソスプラウト（17日目）

8

アルファルファ

ムラサキウマゴヤシという栄養豊富な牧草です。糸のように細くやわらかいので、糸モヤシとも呼ばれています。カロテン、ビタミンCが豊富です。

1 タネまき

容器の底にペーパータオルを入れ、水を浸るくらい入れます。タネ同士が重ならないよう底面積の7～8割程度にタネをまきます。

2 遮光する

容器にフタを被せ、ダンボールなどの中に入れます。

3 毎日水やり

水の量の目安は、タネや根が半分水に浸かる程度です。タネや根は、水と同時に酸素も必要とします。水量が多すぎるとタネや根が腐ります。

4 収穫（10～15日目）

高さが約4～5㎝になり双葉が開いたら、2～3日窓際に移し緑化させれば収穫です。

※アルファルファは、モヤシとしても育てることができます。38ページをご参照ください。

アルファルファ（14日目）

9

白ゴマ(セサミ)

オレイン酸、リノール酸などの栄養に富むスプラウトです。抗酸化物質のゴマリグナンやカルシウム、マグネシウム、鉄分もあります。レシチンはコレステロールが血液にたまるのを防ぐ働きがあります。

1 タネまき

容器の底にペーパータオルを入れ、水を浸るくらい入れます。タネ同士が重ならないよう底面積の7〜8割程度にタネをまきます。

2 遮光する

容器にフタを被せ、ダンボールなどの中に入れます。

3 毎日水やり

水の量の目安は、タネや根が半分水に浸かる程度です。タネや根は、水と同時に酸素も必要とします。水量が多すぎるとタネや根が腐ります。

4 収穫(15〜20日目)

高さが約4〜5㎝になり双葉が開いたら、2〜3日窓際に移し緑化させれば収穫です。

白ゴマ(セサミ)(17日目)

10

グリーンマッペ(緑豆)

一般的なモヤシはグリーンマッペ(緑豆)です。ビタミンAやビタミンCや各種ミネラルが豊富です。なかでもビタミンEが多く含まれています。

1 タネまき

容器の底にペーパータオルを入れ、水を浸るくらい入れます。タネ同士が重ならないよう底面積の7〜8割程度にタネをまきます。

2 遮光する

容器にフタを被せ、ダンボールなどの中に入れます。

3 毎日水やり

水の量の目安は、タネや根が半分水に浸かる程度です。タネや根は、水と同時に酸素も必要とします。水量が多すぎるとタネや根が腐ります。

4 収穫(10〜15日目)

高さが約10㎝になり双葉が開いたら、2〜3日窓際に移し緑化させれば収穫です。

グリーンマッペ(緑豆)(15日目)

Lesson 07 - 18

第3章

プランターで作る

Lesson 07 プランター栽培の魅力と注意点

プランター栽培の魅力……1
100均ショップがあればすぐにスタートできる!

プランター栽培なら、ホームセンターや園芸店に行かなくても始められます。家の近くに100均ショップがあれば、すべての資材がすぐに揃います。「野菜を作ろう!」と思ったその瞬間、スタートできるのです。

100均で「プチ菜園暮らし」開始！

野菜のタネ…………	100円
プランター………	100円
園芸用土…………	100円
鉢底石…………	100円
肥料…………	100円
	500円（税別）

ワンコイン **500円**なり!

野菜のタネ

プランター栽培の魅力……2

ちょっとしたスペースでも大丈夫！

プランター栽培は小さなスペースで行うことができます。たとえば、ベランダなどあまりスペースが取れない場所でも邪魔になりません。日当たりが良ければ、玄関先にも置くことができます。

プランター栽培の魅力……3

日常の管理が簡単！

ベランダや玄関脇など、**とにかく日常生活の身近にプランターを置けば、水やりや収穫が苦になりません。**忙しくなってきたら、しばらくお休みしたって良いのです。

プランター栽培の魅力……4

虫嫌いの人も大丈夫！さらに無農薬栽培がしやすい！

ベランダのプランター栽培なら、**庭の菜園や貸農園などに比べると害虫は少ない**です。また、プランターは全体を防虫ネットで覆うことができるので、野菜を害虫から守ることも簡単です。

プランター栽培の魅力……5

コミュニケーションの輪が広がる！

ミニトマトひとつでも気持ちが盛り上がる！しかも、まわりの人とのコミュニケーションの輪も広がって、**心身も健康になれる**のです。

プランター栽培の注意点

プランター栽培の注意点 1

暑さ対策を考えよう

庭や畑と違ってバルコニーは、コンクリートが熱を蓄熱するので、夏の日中はかなり高温になります。そこで**暑さ対策は必須**です。

必ず行なって欲しいのは、プランターをコンクリートの床に直接設置せず、レンガなどの上に置くことです。**暑さ対策はもちろん、鉢底の通気性や排水性が良くなる**ので、成長が促進されます。日差しが強すぎる場合は、手すりにスダレなどを設置するのも効果的です。水やりと同時に床を水でぬらす、打ち水効果も有効です。

温度計を設置して気温を可視化することもおすすめします。

プランター栽培の注意点2

排水溝の掃除も忘れずに行ないます

土や枯葉が詰まらないようにします。100均ショップなどで販売されている金ザルやネットを排水溝に被せ、定期的に掃除する方法もあります。このとき、金ザルにゴミがたまりすぎると、オーバーフローするので注意します。また、金ザルが風で飛ばされないように針金などで固定するなど工夫してください。

プランター栽培の注意点3

隣家、階下の住人への配慮も必要です

水やり　階下に水が落ちると、洗濯物などが濡れるので気をつけます。

肥料　匂いの少ない肥料を使います。有機肥料なら「粉末の醗酵《はっこう》油かす」がおすすめです。

避難隔壁や非常用ハッチ　緊急時のためのものですから、近くにプランターなどを置かないようにします。

プランター栽培の
注意点 4

室外機の前は菜園に不向きです

エアコンの室外機の前方にはプランターを置かないようにします。室外機の前は常に風が吹いており、水やりしても土がすぐに乾いてしまいます。

プランター栽培の
注意点 5

野鳥やペットによる被害

野鳥などからの被害を防ぐためには、**ネットや寒冷紗をプランターにかぶせることが有効**です。寒冷紗は蒸れる場合があるので、暑い時期はネットにしましょう。支柱を使い、100均のテグス（釣り糸）を張っても効果的です。

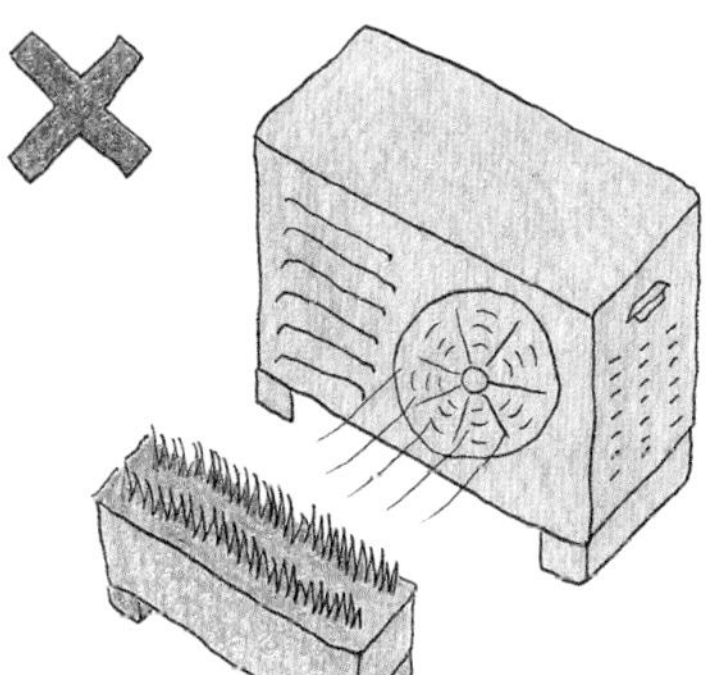

プランター栽培の注意点6

鉢皿に水を貯めないようにする

鉢皿に排水が常に貯まっていると、根が健全に育ちません。原則的に水は貯めません。ただし、2~3日留守にする場合のみ、水やり代わりに水を貯めてもいいです。

プランター栽培の注意点7

強風や台風対策

マンションなどのベランダでプランター栽培をしている場合、強風が気になります。特に高層に居住の場合は、強風でプランターが飛んでいって、他人にケガをさせることもあり得ます。強い台風がやってくるとわかった場合、初めからやっておきたいポイントがあります。Lesson17で詳しく紹介していますので参考にしてください。

Lesson 08 プランター代わりになるもの

Lesson10では100均も含めてプランター選びのポイントを紹介していますが、ここでは身近にあるもので、プランター代わりになるものを紹介します。

1 紙コップでも野菜づくりができますよ

家庭菜園に興味はあるけれど、庭やベランダがなくて難しい……というケースもあるのではないでしょうか。でも野菜づくりは、使い捨ての紙コップでお手軽に挑戦できてしまうのです。

左からバジル、ルッコラ、リーフレタス。タネまきから約3週間経ったもの

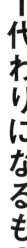

紙コップ栽培の魅力は、なんといってもそのコンパクトさです。小さくて場所を取らず、日当たりの良い場所への移動も簡単です。プランターなど大がかりな道具も必要ありません。おすすめはリーフレタスやシュンギクなど、虫に強いキク科の品種です。特にベビーリーフとして収穫する場合は、1カ月程度で収穫ができるため、初心者にうってつけです。テーブルの上などに置いて、おしゃれに空間を演出できるのも紙コップ栽培ならではです。

こんな品種がおすすめ

リーフレタス（サニーレタス）…育てやすい
シュンギク…病虫害が少なく、育てやすい
バジル …成長が早く、暑さに強い
ルッコラ…少量でもサラダのアクセントになる

用意するもの

❶タネ
❷紙コップ
❸園芸用土
❹鉢底石
❺液体肥料
❻キリ（竹串でも良い）
❼受け皿（自宅にあるお盆やお皿でもOK）
❽霧吹き

・ポイント
紙コップは7㎝ほどの深さがあるもの

育て方

1. 紙コップの底全体に、キリなどで水抜き用の穴をあける。
2. 鉢底石をコップの高さの1/3入れ、その上に園芸用土を9分目まで加える。園芸用土が十分湿るようにたっぷり水やりをする。
3. タネをまんべんなく均一にまき、その上から薄く土をかぶせ、霧吹きで最後にもう一度土を湿らせる。
4. 日当たりの良い窓辺などに置き、土の表面が乾いたら霧吹きで水をやる。
5. タネまきから1カ月ほどで、大きめの葉から収穫する。

大きく育てるコツ

・約2週間目から、週に1回、液体肥料を与える。
・紙コップを割りばしの上にのせると、通気性と排水性が良くなる。

2 ザルとボウルで100円！これもプランターになる！

ザルは通気性と排水性が良いので、鉢底石は不要です。ザルに園芸用土をそのまま入れて、ボウルにセットします。タネからスタートしても大丈夫です。

こんな野菜がおすすめ

リーフレタスやバジルなら間引き菜から収穫できます。

用意するもの

1. 野菜のタネ
2. ザル&ボウルセット
3. 園芸用土
4. 霧吹き
5. 液体肥料
6. ジョーロ

リーフレタスの育て方

1 園芸土用を9分目まで入れ、土を十分湿らせる

2 リーフレタスのタネをばらまきする

3 タネが隠れる程度の覆土をする

4 地表面を霧吹きで湿らせてから、乾燥防止にキッチンペーパーでふたをする

5 4〜5日で発芽するので、発芽したらキッチンペーパーを取り、日当たりの良い窓辺などに置く

6 ザルから水が流れるまでたっぷり水やりするが、ボウルに水を貯めない。10日ほど経ったらザルから根が出てくるので、1週間に1回液肥を与える

7 2、3週間目から間引き菜を収穫する

8 蒸れないように、間引き収穫を続ける

❸ 発泡スチロールボックスでもひと工夫すれば素敵なプランターになる！

冷凍品や冷蔵品を買ったときに商品が入っていた発泡スチロールのボックス。これも立派なプランターになります。発泡スチロールボックスは断熱性があり、夏の暑さや冬の寒さでも地温の変化が少ないので、野菜たちにとっては非常に快適です。このままでもプランター代わりになりますが、１００均で販売されているタイルシールを使えば、おしゃれなプランターに早変わりします。ぜひチャレンジしてみてください。

用意するもの

❶発泡スチロールボックス、または１００均のクーラーボックス
❷カッターナイフ
❸タイルシール
❹キリや目打ち

サニーレタス、セロリ、パセリの寄せ植え

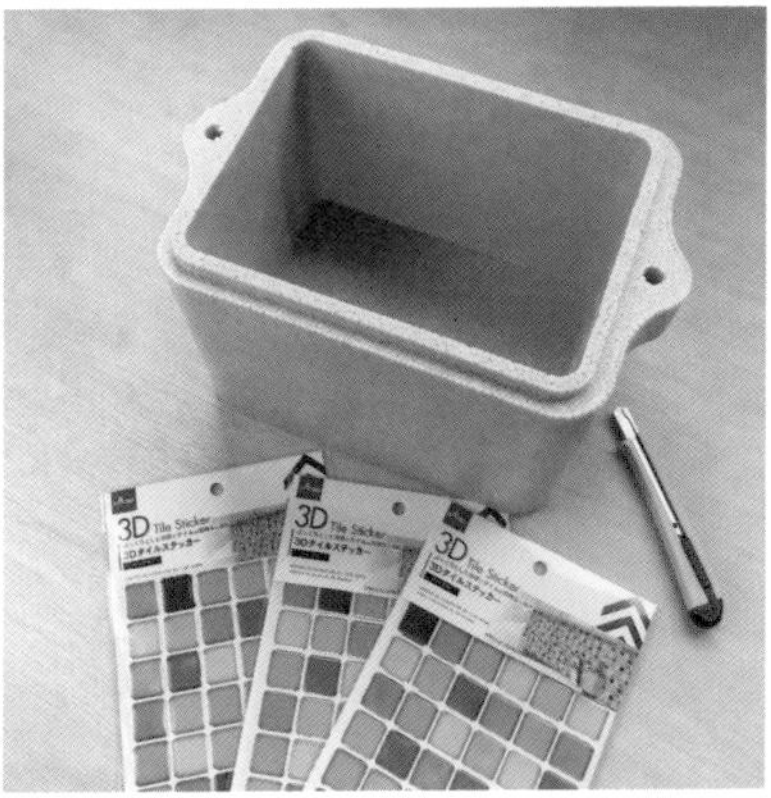

① 発泡スチロールボックスやタイルシールは100均に売っている

② 発泡スチロールボックスを好きな形にカットする

③ 土の入る部分以外はタイルシールを貼る

④ 2cmピッチで水抜き穴をあける

4 お菓子の缶を化粧鉢として

焼き菓子などが入っていたスチール製の缶でも野菜づくりができます。この方法は春や秋向きです。おすすめ野菜は、リーフレタス（サニーレタス含む）、パセリ、バジルです。もちろんハーブもＯＫです。

用意するもの

❶スチール缶
❷割りばし
❸ポリポットに入った野菜苗やハーブ苗
❹液肥
❺（ヤシの繊維）

育て方

1. 缶の底にまだ割っていない割りばしを並べます。
2. 野菜苗をポリポットに入ったままスチール缶に入れます。この時、ポリポットが割りばしの上にのるようにしてください。排水性、通気性が高まります。
3. ポリポットのすき間をヤシ繊維で隠しても良いです。
4. スチール缶に植え付けるというよりは、缶を化粧鉢（受け皿）として利用します。
5. 日々の管理は、直射日光を当てて土を乾かさないようにしますが、1週間に1回はポリポットの鉢底から水が流れるまで水やりした後に、液体肥料を規定倍率に希釈して与えてください。缶に水が貯まらないようにします。
6. 混み合うと蒸れるので、どんどん収穫します。

5 ペットボトルをプランター代わりに

どこの家にもあるペットボトルでも菜園生活はスタートできます。2ℓ入りがおすすめです。おすすめ野菜は葉物野菜（葉菜類）です。

用意するもの

❶2ℓのペットボトル
❷カッターナイフ
❸キリや目打ち
❹ビニールテープ

育て方

1. 2ℓのペットボトルを準備します。

2. キリや目打ちを使って、底に排水のための穴をできるだけ多くあけます。凹んだ部分に穴をあけると、排水性と通気性が良くなります。

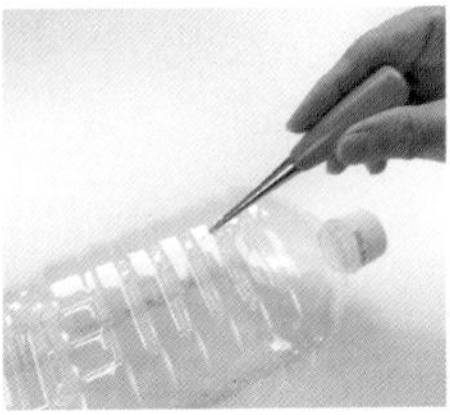

3. ペットボトルを横に置いて側面を適当な大きさに切り抜きます。切り抜いた部分が鋭利になるのでビニールテープなどで保護することをおすすめします。

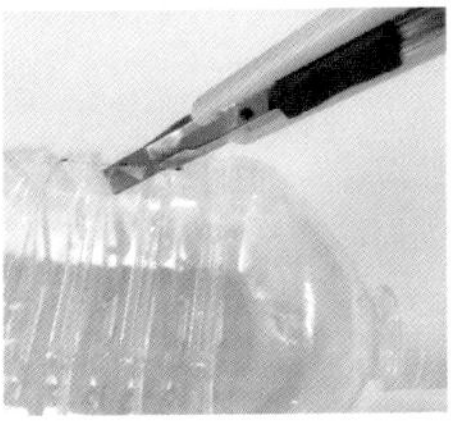

4. 園芸用土を9分目まで入れて、たっぷり水やりします。

5. これでタネまきも苗の植え付けもできます。

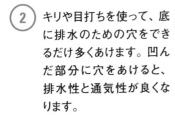

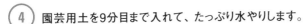

6 牛乳パックをプランター代わりに

耐水加工した牛乳パックを再利用する方法もあります。牛乳パック全体を柄入りのマスキングテープで巻いたり、アクリル絵の具などで着色したりするのもおしゃれです。

用意するもの

❶牛乳パック
❷割りばし
❸ステプラー（ホチキス）
❹定規
❺ペン
❻カッター
❼キリや目打ち

育て方

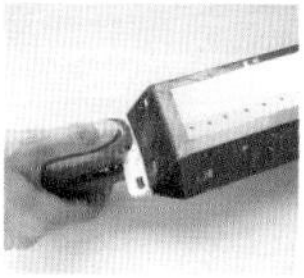

1. キリや目打ちを使って、排水のための穴をあけます。底になる面に2cm間隔で、直径3〜4mmの穴をあけます。穴が小さいと目詰まりするので、注意します。
2. 縁から1cmほどを残して上面を長方形に切り抜きます。定規とペンで切り取り線を書き、カッターで切り抜きます。強度を保ちたければ、長方形のセンター部分を幅1cmほど残すのも良いでしょう。
3. 牛乳パックの口をステプラー（ホチキス）で留めます。
4. 園芸用土を9分目まで入れて、たっぷり水やりします。排水性、通気性が良くなるように、まだ割っていない割りばしの上に置きます。
5. これでタネまきも苗の植え付けもできます。

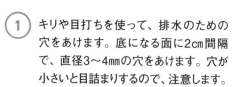

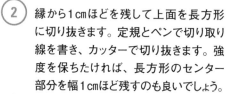

7 あき缶を小さな鉢代わりに

あき缶でも菜園生活はスタートできます。
400gくらいの容量のサイズがおすすめです。
おすすめ野菜は葉物野菜（葉菜類）です。

用意するもの

❶あき缶
　1缶　400gくらいの容量のもの
❷割りばし
❸園芸用土
❹缶切り
❺カナヅチ

ミント、セージ、ルッコラ

育て方

1. あき缶をきれいに洗い、切り口をカナヅチで叩いて縁で手を切らないようにします。
2. あき缶の底に、缶切りで穴をあけます。できるだけ多くあけてください。
3. 園芸用土を9分目まで入れて、たっぷり水やりします。排水性、通気性が良くなるように、まだ割っていない割りばしの上に置きます。
4. これでタネまきも苗の植え付けもできます。
5. 長く使うとサビが出るので注意します。

8 食品保存用袋を簡易温室にしよう

トマトなど夏野菜の苗を育てるためには、温室を作り加温が必要になります。ベランダ菜園分の夏野菜苗なら、ジッパー付きの食品保存用の袋で苗づくりができるのです。

こんな野菜がおすすめ

・ミニトマト
・キュウリ
・オクラ

ミニトマト苗の作り方

（3〜4月スタート）

用意するもの

❶ミニトマトのタネ
❷直径9㎝のポリポット
❸園芸用土
❹キリ
❺液体肥料
❻ジッパー付きの食品保存用袋（マチ付き）

育て方

① ポリポットに園芸用土を9分目まで入れ、土を水で湿らせる。

② 指で深さ1cm程度の穴を3つあけ、1穴に1粒のタネを入れる。

③ タネを入れた穴のまわりの土を寄せ、軽く押さえてから、やさしく水やりする。

④ タネまきの終わったポリポットを、ジッパー付きの食品保存用の袋の中に入れ、日当たりの良い窓辺などに置く。発芽までは、地表面が乾かないように気を付ける。

⑤ 夜間は5℃を下回らない場所に置く。

⑥ 本葉が2～3枚になったら1ポット1苗にする。

⑦ 1苗になってから、液体肥料を1週間に1回与える。

⑧ 苗が大きくなってきたら、暖かい日は外に出して少しずつ外気に慣らす。

⑨ 5～6月に苗を定植する。

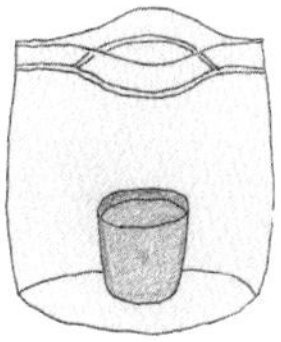

ジッパーの中央を少し開け、空気穴とする

日当たりの良い窓辺などに置く

5～6月に定植する

Column

木製ステックをネームプレートに

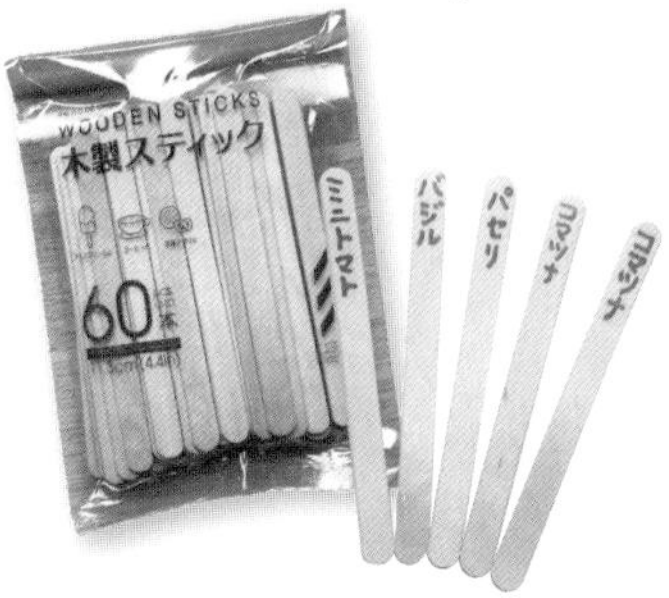

園芸コーナーには園芸用木製ネームプレートが売っていますが、本数が少ないです。そこで私は、アイスクリーム作りに使う木製ステックで代用しています。

Lesson 09 卵パックを利用して野菜づくりをしよう！

家庭にある卵パックでも野菜を育てることができます。スプラウトやベビーリーフはもちろん、苗づくりにも便利です。その方法を紹介します。

準備するもの

❶野菜のタネ
❷卵パック（同じ形状の物ふたつ）
❸キリや竹串など卵パックに穴があけられる道具
❹土（園芸用土）
❺霧吹き

ルッコラ育成中

キュウリ苗の育て方

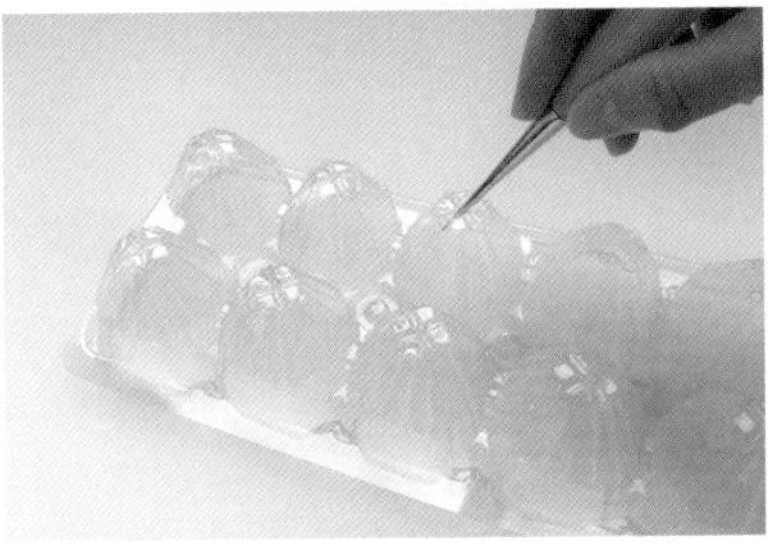

①

卵パックの底部に5つの穴をあけて水が通るようにする。

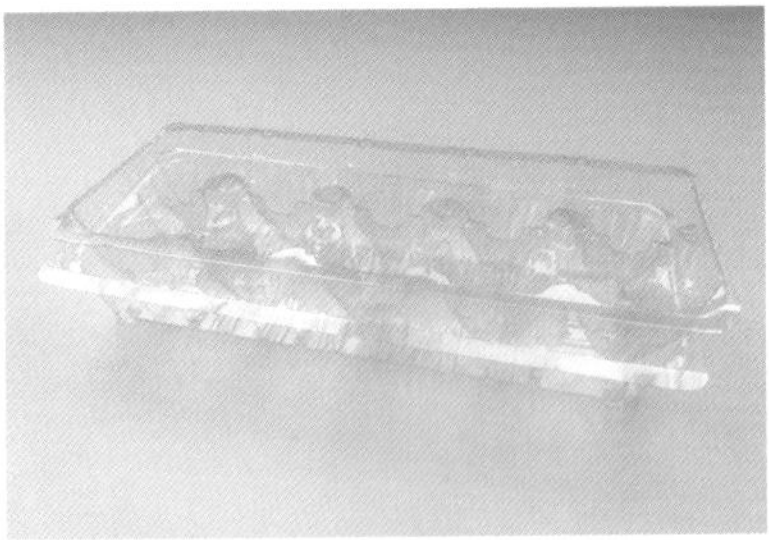

②

底部を上に蓋部を下にして重ねる。

③

底部に土を9分目まで敷き詰める。

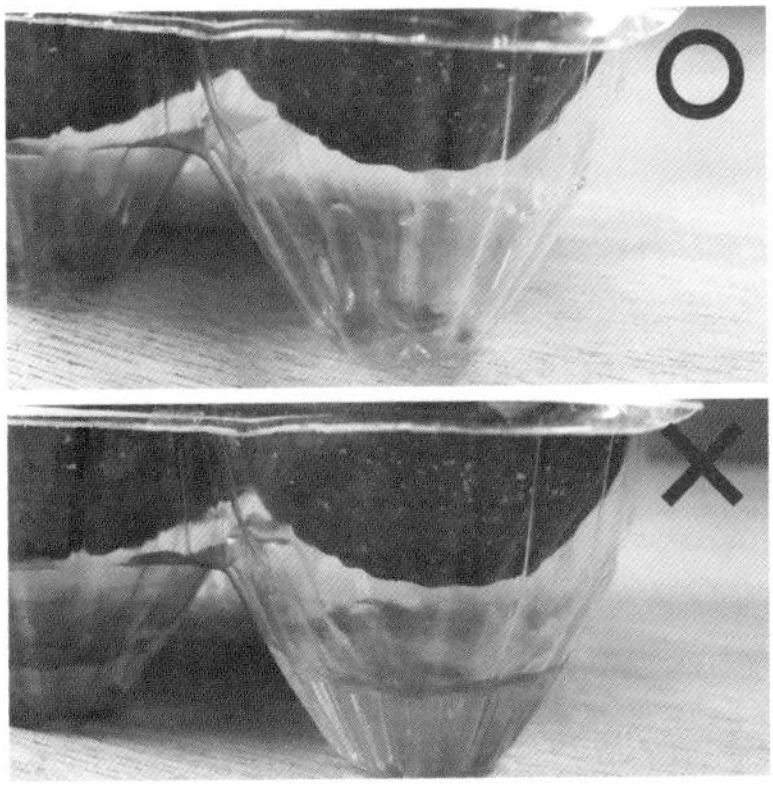

④

土全体を湿らせる。底から水が流れる程度に湿らせておくとタネが定着しやすくなるが、水の受け皿側の蓋部には貯めないようにする。

5

タネをまくために、竹串などで1cmほどの深さのくぼみを作る。

6

タネをくぼみに2〜3粒まく。

7

まわりの土でタネを埋める。

8

霧吹きで地表面をしっかり湿らせる。

⑨ 発芽するまで保湿のため、キッチンペーパーをかぶせる。

⑩ 1カ所に1苗にする(タネまきから約10日後に間引きする)。

⑪ 本葉が2～3枚になったら定植する。

スプラウトの場合

おすすめはカイワレやブロッコリー

⑨までの作業が完了したら、ダンボール箱など暗室の中で育てます。少しでも発芽したら、キッチンペーパーを取りはずします。1週間後、箱から取り出します。2～3日ほど日光に当てると、葉が緑化し食べられるようになります。

ベビーリーフの場合

おすすめはシュンギク

タネまき2～3週間後より、間引き菜として収穫します。

苗づくりの場合

おすすめはバジル

タネまき後2週間目から、週に1回液体肥料を与えます。1カ月で苗が大きくなったら、プランターに定植します。

Lesson 10

プランターの選び方

プランター菜園を始めてみようとホームセンターへ行っても、さまざまなプランターが売られていて、いったいどれを購入したら良いのか初心者には分かりづらいと思います。プランターは形や色、素材がとても豊富です。ここではプランターの選び方についてわかりやすく解説します。１００均ショップでも、ホームセンターや園芸専門店で購入する時も共通のポイントなので、ぜひ参考にしてください。

鉢底がポイント！
一番大切なのは、排水性と通気性

私がプランターを購入する時、**最初にチェックするのは鉢底**です。鉢底全体がメッシュ状で、排水性と通気性が良ければ大丈夫です。野菜は水を好みます。ただし、それは**流動する水で、貯めて滞っている水は嫌う**のです。**貯めた水では、野菜は大きく健全には育ちません。**また根にとって、いつも新鮮な空気（酸素）を吸えることは、健全に育つうえでは必須条件です。デザインが良くても、野菜が育たないとプランターの意味がありません。昔のプランターはできるだけ鉢底に水を貯めて、水切れさせない構造でしたが、最近の物は変わってきています。

私のいち押しは、アイリスオーヤマのエアーベジタブルプランターです。鉢底全体がメッシュ状になっています。１００均ショップでも鉢底全体がメッシュ状の商品がありますので購入前に確かめて下さい。

丸形プランターで鉢底から側面に向かってスリット状の排水溝があるスリット鉢は、野菜づくりでも使用できます。庭木や果樹苗栽培などでもよく使われています。

スリット鉢

エアーベジタブルプランター

素材はプラスチックがおすすめ

次にプランターの素材の違いによる特性の違いについて学びます。

プラスチック

土や水が入ると重くなってしまうので、せめてプランターは軽くしておきたいものです。植え替えや移動時が大変です。その点プラスチック製は、軽量かつ安価で実用性が高く、サイズや形状のバリエーションも豊富です。欠点としては紫外線で劣化する点です。また、通気性がやや悪いですが、鉢底全体がメッシュ状になっていれば大丈夫です。底の穴が少ない場合は鉢底石を多めに入れます。

素焼き（テラコッタ）

質感に高級感があり、おしゃれで通気性がいいですが、残念ながら土が乾きやすいです。土を入れると相当重くなり、あまり実用的ではありません。最近では素焼き風のプラスチックプランターも販売されています。

プラスチックプランター

素焼きプランター

素焼き風プランター

木材

天然素材のため外観が美しく、通気性も良いです。ただ、木製プランターは経年劣化が激しく、必ず鉢底から腐っていくので、鉢底が腐った時の対処を考え使用すると良いと思います。使い終わった木製プランターは、可燃物として処分できるのでエコでもあります。

お魚屋さんなどで良く見かける

発泡スチロール箱

発泡スチロールの箱に排水用の穴を開けてプランターにする方法もあります。鉢底にはできるだけ多くの穴をあけ、園芸用のメッシュネットを鉢底に敷いてください。発泡スチロールは軽量で、断熱性・保湿性が高く、夏の暑さはもちろん、冬の寒さでも地温変動が少ないので、野菜づくりに向いています。同じ大きさのものを並べたり、立ち上がり部分の天端に、木製の化粧枠を置いたりすると周囲の景色になじみます。

発泡スチロール

木製プランター

菜園用の深型プランターはホントに持てる？

プランターは大きければ大きいほど良いのかといえば、必ずしもそういうわけではありません。「プランター重量＋土の重量＋水分重量＋野菜重量＝プランター全体の重量」が、**自分の力で持ち上げられる範囲にあるか考えましょう**。土は水を含むと比重が１以上です。ですから、**10ℓの土は10kg以上**と考えて計算します。

大型の菜園プランターでなくても、葉物野菜なら１００均ショップのプランターでも立派に育ちます。園芸用土は25ℓで６００円以上の商品を使ってください。土が良ければ、土が野菜を育ててくれるのです。

プランターを上から見た形状としては、長方形、正方形、円形のものがありますが、**プランター菜園では長方形のプランターが最も一般的**です。ただ、形状自体が野菜の生育に与える影響はほぼありません。プランターを設置する場所と、デザインの好みで選べば良いと思います。生育に影響を与えるのは高さ（深さ）です。葉物野菜はともかく、根を深く張る根菜類を育てる時は、深型のプランターを意識して選ぶようにしましょう。

鉢底がメッシュ状に
なっているものが良い

プラスチック

100均ショップのプランターで気をつけること

① プラスチックの肉厚について

100均ショップのプランターは安価に製造するため、肉厚が薄いプランターがあります。このような商品は土を入れて持ち上げると底などが割れる場合があります。形だけでなく肉厚もチェックします。

② 縁の形状について

縁を曲げ加工している商品の方が強度があります。プランターの縁も確認してください。

③ 鉢底の補強について

鉢底は一番土圧が掛かります。手で触って鉢底の補強度合いも見てください。写真のように鉢底が補強されているものが、おすすめです。

鉢底

④ 大きさは?

2個で100円などの商品は、おおむね直径10㎝程で野菜づくりには小さすぎます。1個100円や200円以上の商品がおすすめです。

⑤ 迷った時は?

いつも置いている定番商品が無難です。クレームの少ない、コストパフォーマンスも含めた完成度の高い商品が定番商品になります。

Lesson 11

プランター栽培の資材選び

土と肥料の準備

❶園芸用土…すぐに使える土が便利

園芸用土は、袋に入ったすぐに使える土が便利です。野菜用ではなく花用の土でも問題ありません。元肥《もとひ》（＝最初に必要な肥料のこと）入りが多いです。目安として、25ℓで600円以上の商品を購入してください。100均の土でもいいですが、これは意外と割高です。

❷鉢底石

軽石などが鉢底石として販売されていますが、赤玉土の大粒がおすすめです。これを鉢底石として使うと、植え替え時の土の再生時に、土と石を分けなくてもいいのです。

❸ バーク堆肥…腐葉土よりバーク堆肥をおすすめします

比較的品質が安定したバーク堆肥を、土壌改良材や地表面に敷き詰めるマルチ資材として使用します。40ℓ入りで400円を目安に購入してください。腐葉土の中には良い商品もありますが、残念ながらあまり良くないものも多いのです。

❹ 肥料…お好みの肥料を使ってください。すべての肥料に共通ですが、袋の説明書き通りに与えてください。

有機肥料――匂いが少なく効き目も早いので、粉末の醗酵《はっこう》油かすがおすすめです。

化成肥料――肥料の三要素N（チッソ）：P（リン酸）：K（カリ）＝8％：8％：8％の割合で調整された化成肥料がおすすめです。

緩効性肥料――肥料分がゆっくり溶け出すように加工された粒状の肥料です。タネまきや苗の植え付け前に、土に埋め込むタイプがおすすめです。

液体肥料――原液を水で薄めて使うタイプと、そのまま使うストレートタイプがあります。どちらも即効性がありお手軽です。

置く肥料――置き肥《おひ》といいます。水やりするごとに溶けます。

道具と資材の準備

❶ 移植ゴテ

少し高価ですが、オールステンレス製の移植ゴテがおすすめです。洗いやすいうえに、サビに強く長持ちします。

❷ 園芸バサミ

タネ袋を切る、間引きする、誘引用のヒモを切る、収穫など、1本でできるハサミが便利です。私はアルスコーポレーションのクラフトチョッキを使っています。

❸ ジョーロ

水やりには必需品です。先端部分のハス口《くち》がはずせるものを選んでください。ハス口を下向きにすると、プランターからこぼれることなく水やりすることができます。

❹ 支柱

ビニール被覆した支柱は長さなどのバリエーションが多いですが、竹支柱ならナチュラル感があって、おしゃれになります。キュウリなどのツル性植物は、リング支柱を使うと、ツルをラセン状にコンパクトに誘引できます。またリング支柱は自立するので、浅めのプランターでも使用できます。

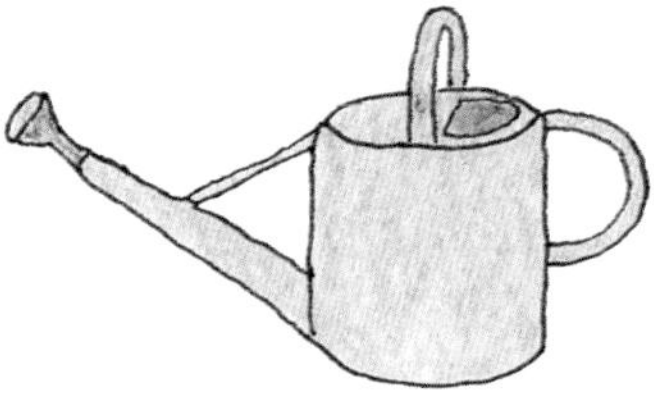

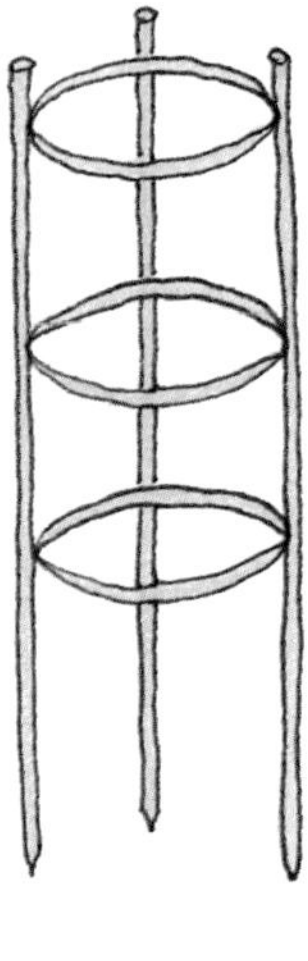

リング支柱

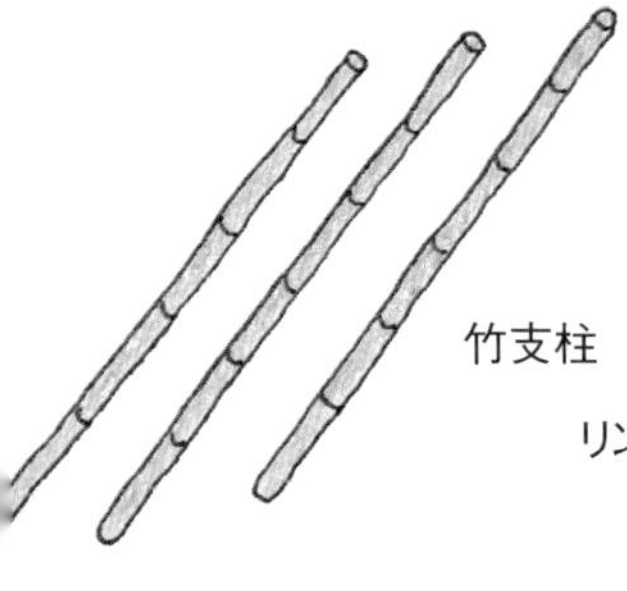

竹支柱

❺ ヒモ

100均で販売している麻ヒモは、細くて使いやすいです。

❻ ネット

100均で販売しているビニール製のネットは優れモノです。麻ヒモでできたネットなら、燃えるゴミとして処分できます。

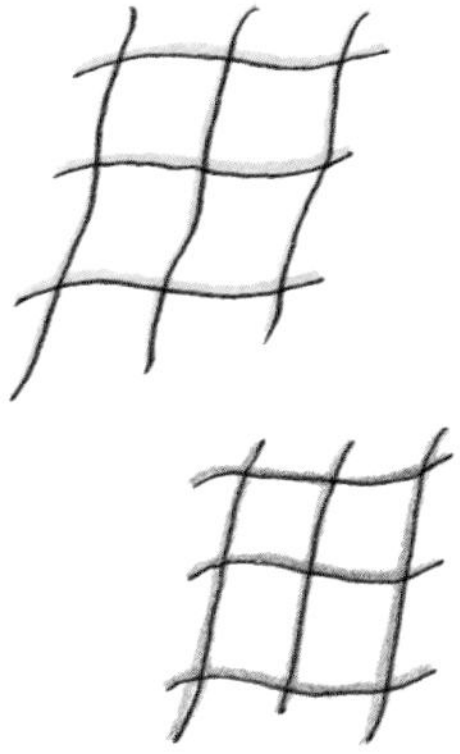

❼ 園芸用シート

植え替え作業をする時などにひとつあると便利です。四隅をボタンでとめれば立体的になるシートがおすすめです。新聞紙でも代用できます。

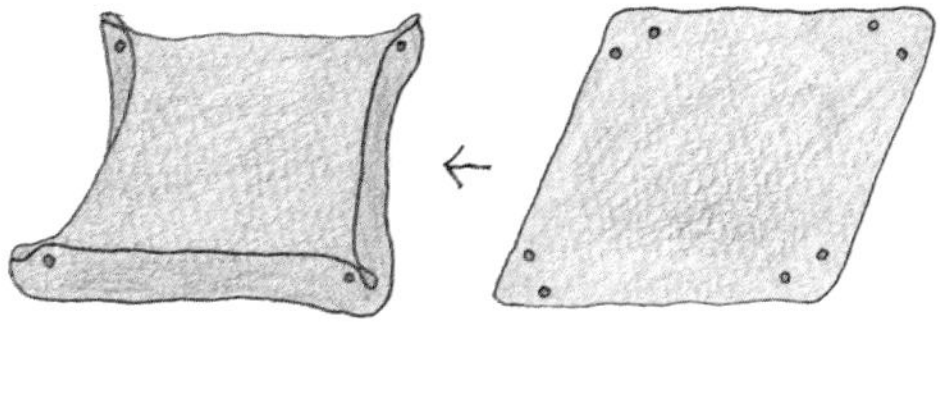

❽ 防虫、防寒ネット

無農薬栽培には防虫ネット、冬期の栽培には防寒対策が必要です。トンネル支柱と防虫ネットや寒冷紗を別々に買って、プランターサイズに合わせて自作することもできますが、支柱と防虫ネットなどがセットされた商品を購入すると便利です。

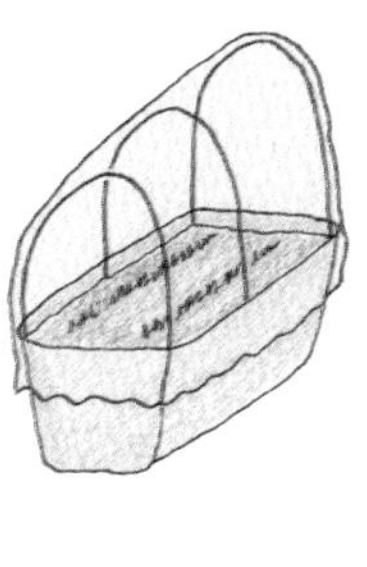

Lesson 12

ダンボールコンポストでエコ生活を始めてみませんか？

ダンボールコンポストってなに？

ダンボールコンポストとは、家庭の生ごみをコンポスト基材（ココピート＋もみ殻くん炭など）に混ぜて分解させ、堆肥を作る道具のことです。**ほかには何も加える必要ありません。**

たとえば4人家族の場合、1日に出る生ごみの量は500g程度といわれています。ダンボールコンポストに**2カ月間毎日生ごみを入れ、その後1カ月ほどの熟成期間を経れば、栄養たっぷりの豊かな自家製堆肥ができ上がり**ます。

ダンボールコンポストのメリット

ダンボールコンポスト

生ごみには約90％も水分があり、焼却するだけでもたくさんの燃料を使うため、大量のエネルギーを消費しています。なにより、栄養がたっぷり含まれているのに焼却するなんてもったいない！　都会などでもできる小さな循環を活用し、生ごみを１００％活かせれば、それまで不要だった〝やっかいもの〟はわが家の宝物になります。さらに、「ゴミ出しの負担が減る」「二酸化炭素排出削減につながる」「ごみ袋代が減る」、「おいしい野菜が育つ！」いいことばかりです。

ベランダでも簡単に設置でき、臭いもほとんどありません。

準備するもの

（ダンボールコンポストキットは通販でも購入できます）

❶ ダンボール箱

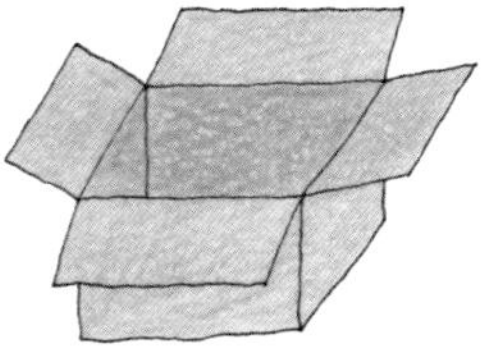

みかん箱程度の大きさ。
厚手で防水加工でないもの

❷ 二重底用のダンボール

強度を上げるために
二重底にする

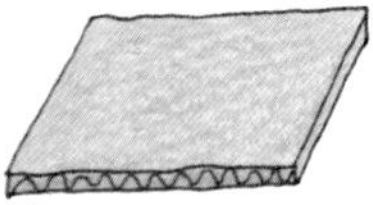

❸ 基材

ココピート15ℓ＋もみ殻くん炭10ℓ
（通販やホームセンターで購入）

❺ 虫よけキャップ

古いTシャツの袖と
首の部分を縫い合
わせて作る

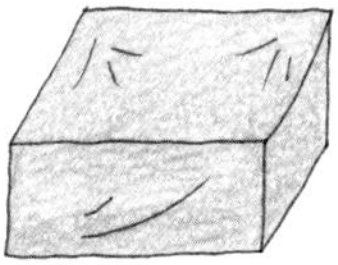

❹ スコップと風通しのよい網目状の台

花苗などを入れる
園芸用トレイが便利

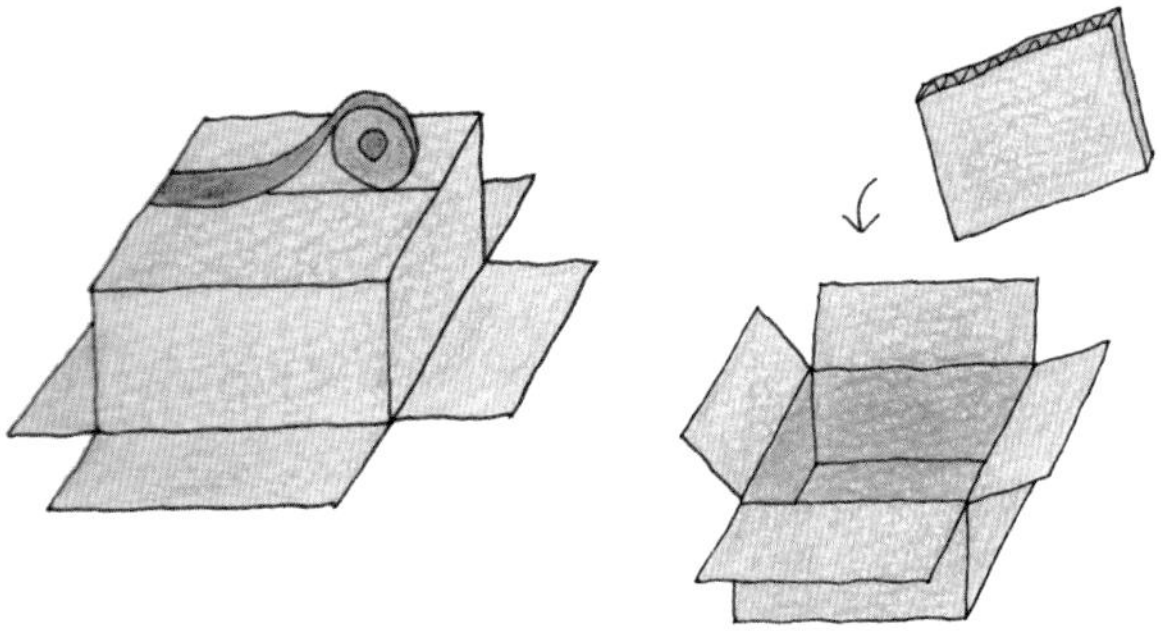

① ダンボールを箱状に組み立てる。底が抜けるのを避けるために、二重底にして底を強化する。ガムテープは布入りのクラフトを使う。虫の侵入を防ぐため、すき間や穴をガムテープで目張りする

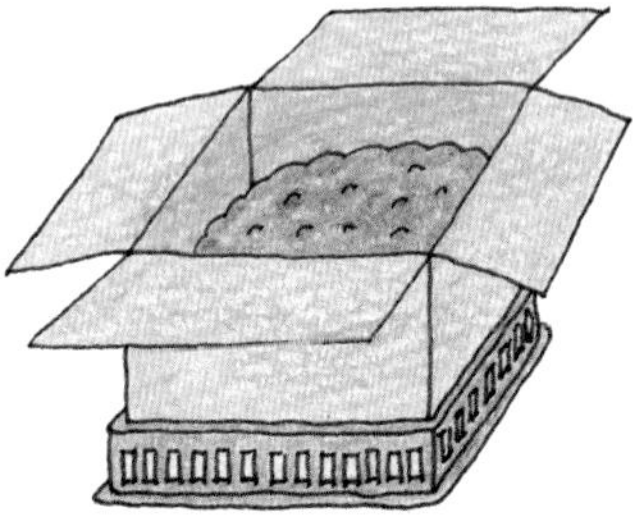

② あらかじめ混ぜた基材（ココピート＋もみ殻くん炭）をダンボールの6割くらいまで入れ、風通しの良い網目状の台の上に置く。ココピートはココナッツ殻から作られる有機培土。もみ殻くん炭はもみ殻を炭化させたもの。通気性、保水性、保温効果がある

おすすめのダンボールコンポストキット

長年実践しているオンライン
コンポスト講座もあります。

NPO法人循環生活研究所の
ダンボール
コンポストキット

Point

使用時のポイント

① 前日の生ごみ部分のみよくかき混ぜる

② 中心部に穴を掘って、生ごみを入れる。1日の生ゴミ投入上限は500gまで

③ 上から基材をかぶせておく

④ 虫よけキャップをかぶせる

生ゴミはなるべく細かくしてから入れると分解が早くなる。生ごみの水切りはせずそのまま投入する。魚や肉などは大量に投入しない。タマネギ、トウモロコシ、タケノコの皮などは分解しにくいので投入しない。また、貝殻も投入しない。

廃油は1日100ccまでなら投入OK。雨の当たらない日なたの暖かいところに置く。2カ月毎日生ごみを入れ、その後1カ月ほどの熟成期間で堆肥として使用可能となる。

都会のベランダにぴったり！ おしゃれなコンポスト！

虫除けファスナーが付き
LINEで専門家が相談にのる
サービス付きです。

LFCコンポスト

Lesson 13

プランター栽培の土のリフレッシュ法

プランターで野菜を育ててきた古い土。野菜の収穫後、もう使えないとすぐに捨ててしまわなくてもいいんです。捨てるなんてもったいないですよ。プランターの土は、リフレッシュすれば、何度でも使用することができるのです。

野菜を育てた後の土の状況は、以下の5つが考えられます。

1. 古い根が残っている
2. 栄養分やミネラルが少なくなっている
3. 有機質が少なくなり、土が硬くなっている
4. 土が酸性気味になっている
5. 病原菌や害虫の幼虫や卵がまぎれ込んでいる場合がある

スピードリフレッシュ法

野菜を育てて問題なく収穫できて、**病虫害が発生しなかった場合は、スピードリフレッシュが可能**です。この場合は、先の❶❷❸を改善します。プランターの土は、プランター内でリフレッシュ作業ができます。超スピードリフレッシュなら、土のリサイクル資材を使うのもひとつの方法ですが、安価な商品は避けるようにします。

手順

① まず古い根を取る

古い根は手で取り除ける範囲で除去します。細かな根が少々残っていても気にする必要はありません

② 栄養分やミネラルを補給する

有機肥料の場合は粉状の醗酵《はっこう》油《あぶら》かすを、緩効性肥料の場合はマグァンプKの中粒など土に混ぜ込むタイプの肥料を用います。肥料はプランターの容積に見合った量を地面にバラまき、移植ゴテで土に混ぜます。施肥量は肥料袋の説明書きを参考にしてください

③ 有機質を補い、土をやわらかくする

土が減った分、バーク堆肥(有機質)を加えたら移植ゴテで耕します。バーク堆肥は、肥料ではなく土壌改良材ですが、土をやわらかくするだけではなく、栄養分やミネラル補給にもなります。ホームセンターなどで購入できます

ペーハー調整しない理由

プランター菜園は水やり時に鉢底から水と一緒に土中の酸が流れ出すので、実はそれほど酸性になっていません。前に育てていた植物が健全に育ち、病虫害が発生していない場合、ペーハー調整する必要性はあまりないのです。

丁寧なリフレッシュ法

野菜を育てる過程で、**生育が思わしくなかったり病虫害が発生したりした場合は**、丁寧なリフレッシュが必要です。この場合は、92ページの❶❷❸❹❺すべての改善が必要です。プランターの土は、いったん取り出し、シートの上などで丁寧にリフレッシュします。

準備するもの

❶野菜を育てたプランターの土
❷45ℓの透明ビニール袋
❸バーク堆肥
❹粉状の醱酵《はっこう》油《あぶら》かす、あるいは緩効性化成肥料のマグァンプKの中粒
❺有機石灰
❻ミリオン（珪酸塩白土）
❼移植ゴテ
❽土を広げるシート

ミリオン
（根腐れ防止剤）

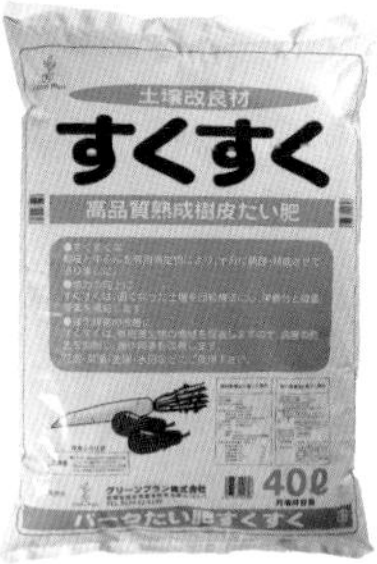

バーク堆肥すくすく
（土壌改良剤）

粉状の醱酵油かす
（有機肥料）

マグァンプK中粒
（緩効性肥料）

手順

① まず古い根を取る

育ち終わった野菜を土から引き抜くと、古い根が出てきます。ある程度太い根を取り除けば、細かい根が多少残っていても大丈夫です。気になるようなら、フルイで細かな根を取り除いてください。

② 栄養分やミネラルを補給する

緩効性肥料の**おススメ商品はマグァンプK（ハイポネックス）**です。これは土に混ぜ込む肥料で、長期間安定してゆっくりと効くタイプ。無臭なので、ハエなど不快害虫が発生しにくく、住宅密集地でも臭いを気にせず使用できます。次に、有機肥料なら粉状の醗酵油《はっこうあぶら》かすです。プランターの土の表面にバラまき、移植ゴテで土に混ぜます。施肥量は説明書きを参考にしてください。

フルイで細かい根を取り除く

マグァンプKなどの緩効性肥料を与える

粉状の醗酵油かすを加える

③ 有機質を補い、土をやわらかくする

固くなった土を移植ゴテで耕すと同時に、フカフカな状態にしてくれるバーク堆肥（有機質）を土の総量1割を目安に混ぜ込みます。**異臭や小枝などが混入していない商品を選びます。**安価な商品は避けましょう。

④ 酸性に傾いた土中を弱酸性にする

野菜は根から有機酸を出していて、これが土中の肥料分を溶かし、栄養を取り込んでいます。このため、有機酸によって土中が徐々に酸性化していくのです。例外はありますが、一般的な野菜は弱酸性土壌を好むので、**土を弱酸性に戻してリフレッシュ**します。

まず、牡蠣殻が主原料でミネラルやカルシウムが豊富な有機石灰を、土の上に粉雪が舞う程度にばらまき混ぜます。有機石灰の利点は、混ぜ込んだ直後でも植え付けが可能なこと。石灰資材には、ほかに消石灰や苦土石灰があります。ただし、これらはすき込んだ後、しばらくは植え付けができません。

バーク堆肥を混ぜ合わせる

有機石灰をばらまき混ぜる

⑤ もうひと手間加えるなら根腐れ防止剤を入れる

野菜が育った後の土は、肥料分やミネラル分が抜けてしまいます。また、老廃物も溜まっています。**元の元気な土に戻してくれるのが、根腐れ防止剤のミリオン（珪酸塩白土）**です。これは土壌中の不良ガスや不純イオンや雑菌などを吸着・除去し、酸度を調整してくれます。さらに、土壌を団《だん》粒《りゅう》化《か》してやわらかくし、ミネラルを補給して、健康な土によみがえらせます。

加えてミリオンには、マグネシウムや鉄などのミネラルが豊富に含まれていますので、野菜の光合成を促進させます。土壌が活性化し、野菜の連作を可能にするなどミリオンは良いことずくめなのです。

⑥ 必要に応じて日光消毒する

野菜を育てた時に、病害虫が発生したことがある土も再利用できます。まず、リフレッシュ前に、透明のビニール袋に土を小分けにして口を閉じ、**直射日光に1週間当てて**ください。袋の中は50～60℃になり、病虫害が死滅します。

根腐れ防止剤を加える

直射日光に1週間当てる

Lesson 14

プランターの病虫害対策と防寒対策

野菜づくりを行なっていくうえでガッカリしてしまうのが、病虫害の被害。すぐに薬品を使って退治をしようと考えがちですが、その前に病虫害を起こさない環境づくりが大切です。

【病虫害対策】

早期発見、早期対処が大切！
毎日の水やり時に状態をチェックしよう！

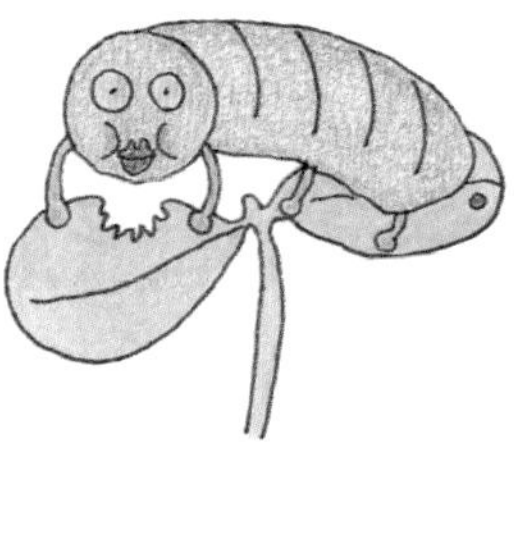

葉に穴が空いていたり、斑点などがあったりする場合は、病虫害のサインです。葉の表だけでなく裏もよく観察してください。フンがあれば必ずどこかに隠れています。害虫は発見したら素早く取り除くようにします。卵もあれば取り除きましょう。葉に異常がある場合は、病気の可能性もあるので、すぐに摘み取ります。アブラムシは強いシャワーを当てると洗い流せます。

病気や害虫の好む環境を作らない

多くの病気や害虫の発生原因は、日当たりと風通しが悪く、湿度が高い状態だと考えられます。できるだけ日当たりの良い場所に移しましょう。プランター栽培の利点は、菜園を簡単に移動できることです。また、間隔をあけて植えたり、成長に合わせて間引いたりして、風通しを良くしましょう。

プランターをレンガなどの上に設置するのは、とても効果のある対処法です。鉢底の風通しを良くし、病虫害予防はもちろん、排水性や通気性も良くなり野菜が元気に育ちます。

地表面にバーク堆肥を敷き詰める

雨水や水やりの水が地表面に当たると、地表をはじいて、葉裏に土がついてしまいます。土の中には病原菌なども存在します。地表面にバーク堆肥を敷き詰めていると、泥はねが起こらず安心です。保湿性や保温性なども良くなり、正に一石三鳥の効果があります。

防虫ネットを活用して成虫に卵を産卵させない

プランター用の防虫ネットセットが販売されています。トンネル型の支柱をプランターにセットし、その上から防虫ネットを被せて洗濯バサミなどで固定すれば完成です。もちろん、太めの針金でトンネル型の支柱を手作りすることもできます。セットする前に、苗に害虫や卵がないか確認してください。

黄色いバケツを使って虫を取る

アブラムシ、ハモグリバエなどは黄色を好む性質があります。黄色のバケツに水を入れておけば、プランターに近づいた害虫がおびき寄せられて溺死します。庭や畑でこれをやると誘導しすぎて逆効果になる場合がありますが、ベランダ菜園などでは有効です。

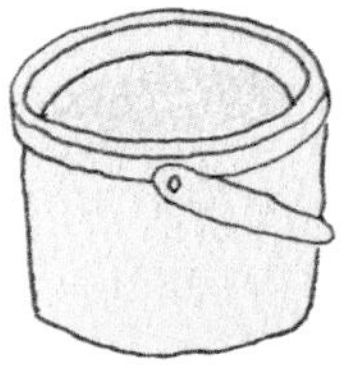
黄色いバケツ

水や肥料のやり過ぎを疑う

原則、「水やりは地表面が乾いたら鉢底から流れるまでたっぷり」をしっかり守ってください。常に過湿気味だと植物が弱り、病虫害が発生しやすくなります。また、肥料のやり過ぎも人間の食べすぎと一緒で、植物を弱らせます。病虫害が発生したら一旦肥料をストップしましょう。

コンパニオンプランツを活用しよう！

野菜と相性の良い植物をコンパニオンプランツ（共生植物）といいます。トマトとバジルやマリーゴールド、キュウリとネギを一緒に植えると病虫害予防になります。私も実施しています。ただ、あまりに効果を過信し過ぎないようにしましょう。コンパニオンプランツの本も販売されているので、参考にしてください。

病虫害の発生した土の処理

病虫害の発生した土は、病原菌や害虫の卵などが残っている可能性があるので、土壌殺菌します。45ℓの透明のビニール袋に10ℓ程度の土を入れて、少し土を湿らせてからビニール袋の口を結びます。1週間ほど直射日光に当てると、袋内が50～60℃になり殺菌消毒されます。1週間の間に時々袋内の土を動かして、まんべんなく土に日が当たるようにしてください。

薬剤散布は最終手段にする

まずは病気や虫を発生させない環境を作ってください。環境改善しなければ、必ず再発します。薬剤を使用することよりもまず、病虫害が発生した原因を考え、原因を取り除くことを第一に考えてください。解決できない原因の場合は、今育てている野菜はあきらめて、野菜の種類を変えて再スタートすることも考えます。

【防寒対策】

冬も野菜づくりを楽しみたいならば、それなりの工夫が必要になってきます。少しでも暖かく過ごせる場所に置いたりして、温室効果も上手に利用しましょう。

プランター菜園が霜に当たらないようにする

野菜は霜が当たると成長スピードが落ちます。また、寒さによって葉がいたんでしまいます。ベランダ菜園の場合、屋根があるので霜が当りにくいですが、屋外など霜に当たる場所では日中は日の差し込む軒下へ、夜間のみプランターを移動すると冬の間も少しずつ成長します。

ミズナやホウレンソウなど、あえて霜に当てて野菜をおいしくする場合もあります。

不織布で保温

軽い霜よけや寒風対策には不織布がおすすめです。葉物野菜などは、上から被せておくだけでも効果があります。霜よけだけでなく、地温が下がりにくくなる効果があります。不織布は太陽光線を遮るので育てることには向いていません。

防寒ビニールでしっかり防寒する

防寒ビニールとトンネル支柱がセットになった商品があります。プランターを防寒ビニールで覆うと防寒はもちろん、温室効果もあります。すると、寒い冬でも野菜が成長します。最高気温が15℃以下の場合は、覆いっぱなしでも大丈夫ですが、これ以上になると温室内が蒸れて逆効果になるので気をつけます。日中気温が15℃以上になる時は、防寒ビニールの一部を開けて換気して、夕方以降は閉じるようにします。

黒いプランターを活用する

太陽光が黒いプランターに当たるとプランターが温まります。すると土が温められ地温が上がります。植物の成長にとって気温は大切ですが、まず地温が上がらなければ成長スピードがアップしません。黒いプランターは地温が上がるので、冬の野菜には好都合なのです。ただ、夏は温度が上がりすぎるので、あまりおすすめできません。

ミニ温室を利用する

組み立て式のミニ温室がホームセンターや通信販売で購入できます。お手頃な値段なので、寒さに弱い野菜などはミニ温室内で育てるのもひとつの方法です。棚状になっているミニ温室なら狭いスペースでも有効活用できます。ミニ温室があれば、年中ベビーリーフの栽培ができるほか、夏野菜などの苗づくりにもチャレンジすることができます。

防寒ビニール

ミニ温室

Lesson 15 鉢植えで飾りながら食べるエディブルフラワー

エディブルフラワーをご存じでしょうか？　フレンチなどでサラダや料理の添えとして使われ、料理を華やかに演出してくれる食べられる花のことです。料理ばかりでなく、育てているときもとてもきれいなのでおすすめです。

エディブルフラワーを春夏秋冬楽しもう！

春から夏は「トレニア」がおすすめです。トレニアは春から咲き始め、真夏の暑さにもめげず、そして秋まで楽しませてくれます。一方、**秋から冬そして春までは「ビオラ」**です。こちらも、11、12月から春の5、6月頃までと長〜く楽しめるお花です。

トレニアとビオラは最近では食べられる花（エディブルフラワー）としても人気が高いです。鮮やかな色が料理を引き立てますからね。ただ、お店で販売している花苗は食用で

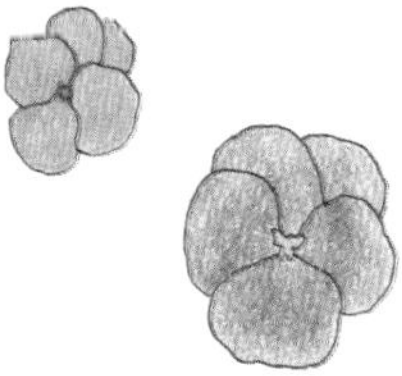

はないので、花を食べる場合は、タネから育てるか、購入した時に付いていた花や花芽がすべてなくなり、購入後に新たに生まれた花や花芽をエディブルフラワーとして活用してください。

ナスタチウム

トレニア

トレニアのカナッペ

ビオラ・パンジー

ひと手間かけて苗を植え付けよう

トレニアは暑さで蒸れないように株間を10cm以上取ってください。ビオラは、涼しい時期の植え付けなので株間数cmで良いです。冬場の花付きは、白花より黄色やオレンジ色の

苗を選ぶ時のコツ 1

苗を購入する時に一番気を付けたいのが、根の状態です。白い根が多いものが良い苗です。でも、店頭でポットから根を取り出してというわけにはいきません。葉が黄化せず生き生きとしていて、花や花芽が多いものを選んでください。

悪い苗

良い苗

苗を選ぶ時のコツ 2

店頭での陳列方法で密に置いている場合は、蒸れている可能性があります。ある程度間隔をあけてまばらに陳列しているお店で購入しましょう。

蒸れる可能性のある陳列

良い陳列

苗の方が良いです。トレニアやビオラは同じ季節の草花と寄せ植えすることもできますが、暑さや寒さに強い野菜のリーフレタス（サニーレタス）やパセリと一緒に寄せ植えにするのもおもしろいと思います。植え付け後は、バーク堆肥を敷き詰めて、地表面が見えないようにすれば、保湿効果などが高まり成長を促進させます。

ビオラとサニーレタス

ビオラとパセリ

病虫害対策

プランターの場合、レンガの上に置くなど風通しを良くしてください。水をやり過ぎるとナメクジが発生します。地表面が乾いてから、たっぷり水やりをしてください。地表面が乾くタイミングで土中に新鮮な空気が入り込み、根が酸素を吸収できるようになります。根にとっては、水や養分と同じように酸素も大切なのです。アブラムシが発生した時は水で洗い流してください。

追肥が原因で病虫害が発生する場合もあるので、発生した時は一旦追肥をやめてください。

Point 育て方のポイント

花付きが悪くなった時は、比較的即効効果のあるハイポネックスなどの液体肥料を与えてください。成長が旺盛になり株全体が込み合ってくると、株が蒸れて枯れるので、大胆に半分程度まで茎葉を刈り込むと、蒸れ解消にもなります。しばらくすると美しい開花を楽しむことができます。

切り戻し①

切り戻し②

切り戻し③

Point 収穫する時のポイント

収穫する時にはすべての花を摘み取ると、次回花が一度に咲きそろい、一度にたくさん収穫できます。エディブルフラワーとして食べない時も、古い花は摘み取るようにします。これが残っているとタネができてしまい株が弱ります。

トレニア収穫前

収穫後
収穫の時は、花を摘み取ると、次回咲き揃います

ナスタチウム収穫前

収穫後
収穫の時は、花を摘み取ると、次回咲き揃います

その他おすすめのエディブルフラワー

キンギョソウ…立体的で存在感があり、可愛らしい。
ズッキーニ …花ズッキーニのフリットなどに使う。
ノースポール（クリサンセマム）… 菊に似た味で、やや苦みがある。
パンジー…いろいろな色がありサラダの彩りに使う。
ボリジ …サラダの付け合わせに利用する。
オクラ …花びらもヌメリがあり、オクラの味がする。

ビオラやパンジーにはいろいろな色がある

暑くてもオクラは元気。お花もオクラの味が楽しめます

Lesson 16

初心者でも簡単！ DIYで飾り棚を作る

太陽光を有効に使える雛壇を作ろう！

マンションのバルコニーの限られたスペースで**太陽光を有効に使うためには雛壇状のスタンドが有効**です。雛壇置きは、お庭のテラスでも活躍します。商品化されているものもありますが、自分で作れば、自宅のバルコニーやプランターのサイズに合った雛壇状のスタンドが完成します。ＤＩＹした雛壇にお好みの塗装をすれば素敵ですし、防腐効果も高まります。

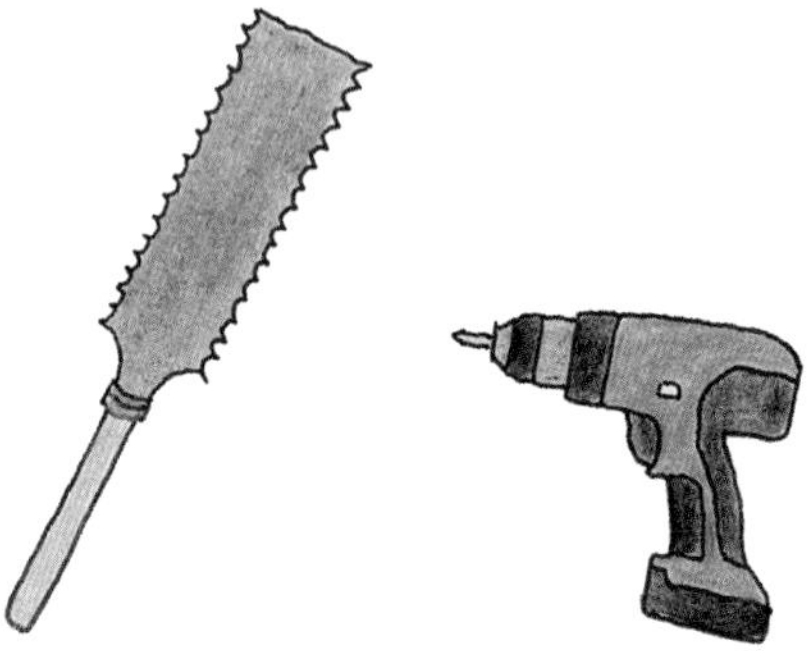

雛壇状の木製スタンドの作り方

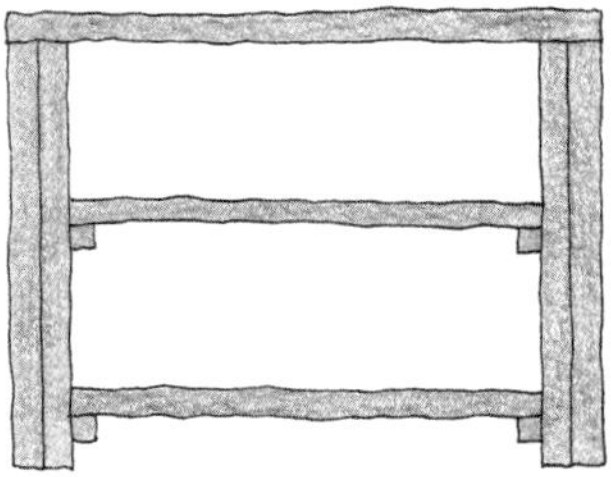

FRONT

SIDE

a

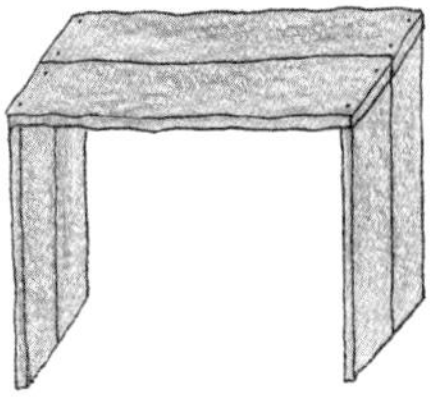

❶設置場所やプランター、鉢などのサイズに合わせてスタンドの大きさを決めます

❷2×4材や杉板など入手しやすい木材を準備します

❸ⓐのように、木材をコの字型にします。板厚があれば木ネジで固定できますが、板厚が15㎜未満ならL金物を使うことをおすすめします

L金物

b

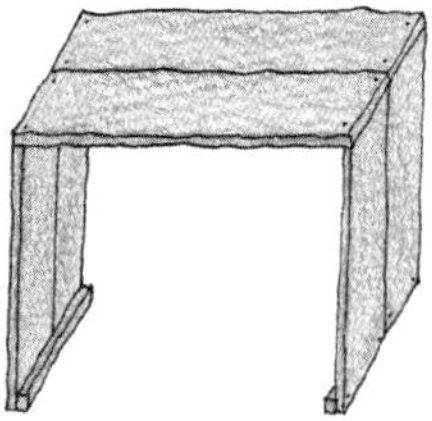

❹ⓑのように、2つのコの字型を1つに合体します。下部に角材を打ち付ける方法がおすすめです（コの字型が1つなら、この作業は必要ありません）

c

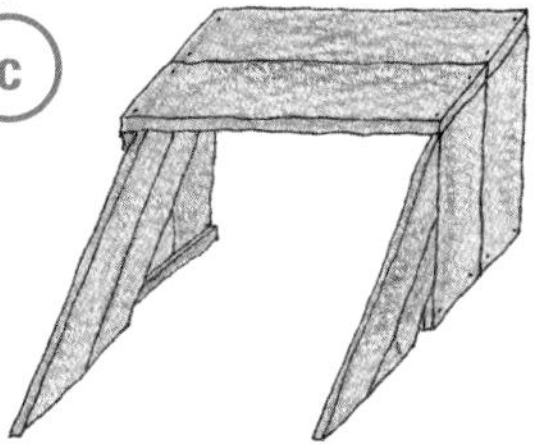

d

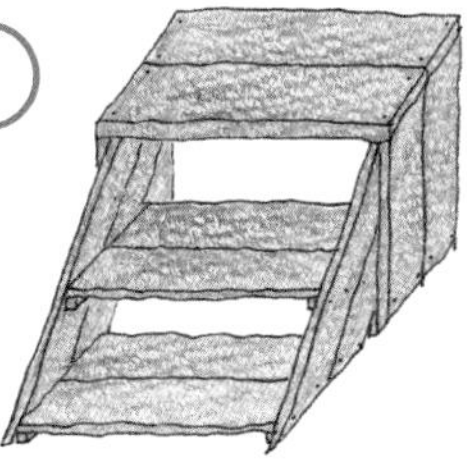

❺ⓒのように、斜め切りした側板を、ⓑのコの字型に木ネジで取り付けます

❻ⓓのように、棚板をのせる角材を打ち付け、棚板を取り付ければ完成です

雛壇状のスタンドを設置するより
コンパクトにする棚式スタンドもあります

棚式の場合、おすすめの材料が既製品のスノコです。スノコには、タンスの中に使う桐製の商品のほかに、ベッド用、風呂場などに使うヒノキやスギ製などがあります。**桐製は加工がしやすいですが、強度があまりありません。私のおすすめは、ヒノキやスギでできたスノコです。**これらはホームセンターで販売されていますし、通信販売でも購入できます。

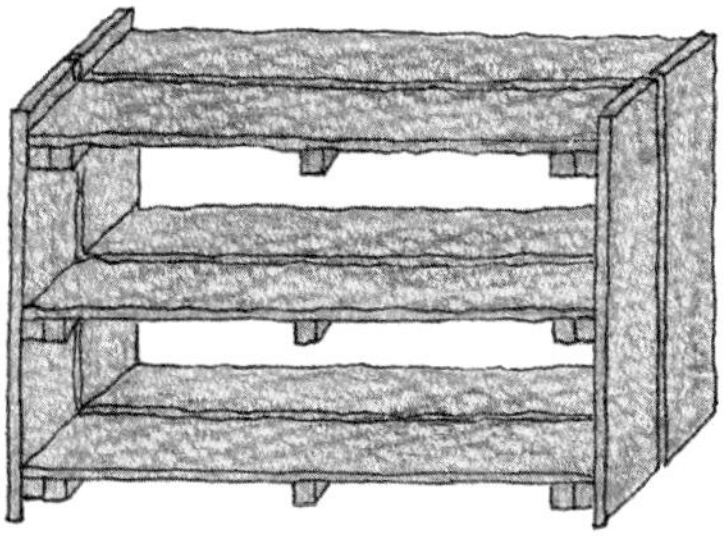

四角タイプ

三角タイプ

注意

ベランダに設置する場合、小さなお子さんがいるご家庭の場合、雛壇や棚が踏み台になると、転落の危険性があるので、この方法はおすすめできません。

スノコを利用した棚状のスタンドの作り方

三角
タイプ

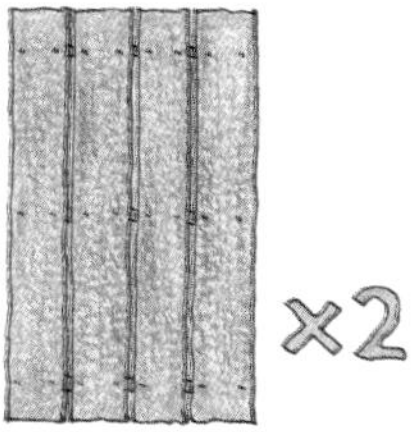

a

❶設置場所やプランター、鉢などのサイズに合わせてスタンドの大きさを決めます

❷ⓐのように、スノコを2枚用意します

b

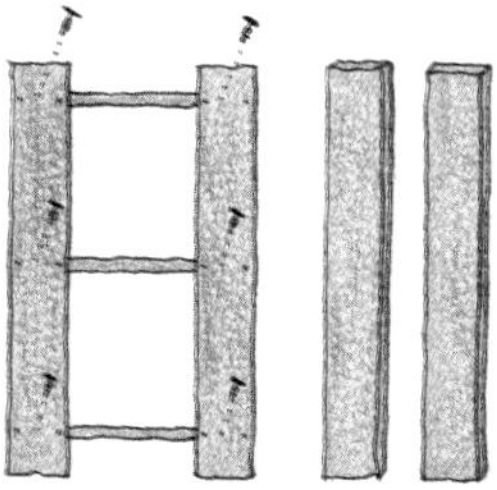

❸ⓑのように、スノコの板の内側の2枚をはずします。外側の残したスノコ板を木ネジで補強します

c

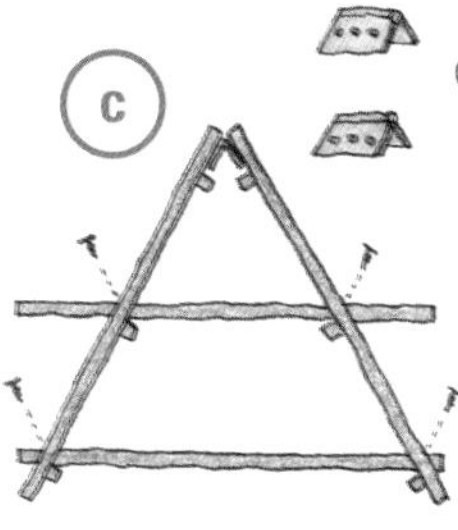

❹ⓒのように、三角スタンドの頂点部分を、丁番でとめます。スノコからはずした板を棚板にして、木ネジで固定します

d

❺完成

四角
タイプ

a

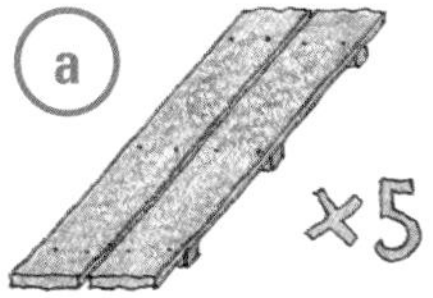

❶設置場所やプランター、鉢などのサイズに合わせてスタンドの大きさを決めます

❷ⓐのように、スノコを5枚用意します

b

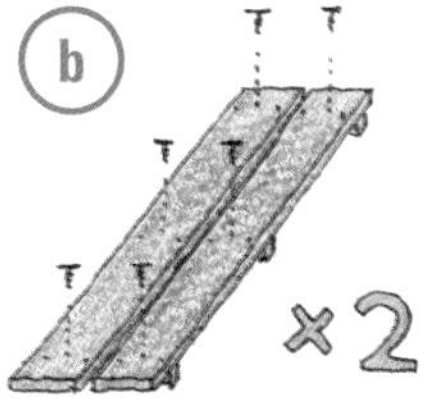

❸ⓑのように、2枚のスノコを木ネジで補強します。この2枚が側板になります

c

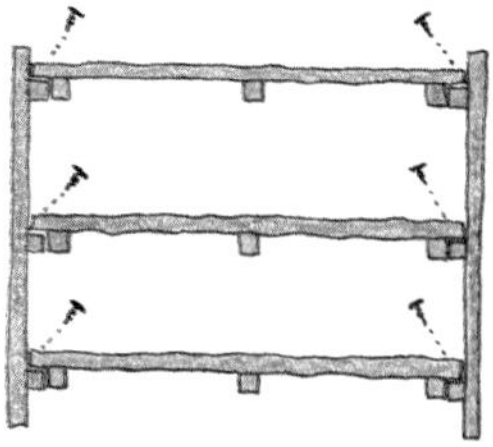

❹ⓒのように、❸で補強した2枚を側板にして、残り3枚のスノコで棚を作り、木ネジで固定します

d

❺完成

Lesson 17

プランター栽培の台風対策

プランター栽培をしている人からよく質問されることが、台風が近づいてきたときの対策。特にマンションのベランダで栽培している人は備えが必要です。

備えあれば患いなし

「天気予報で台風が自分の住んでいる地域に直撃！」と聞くと、日頃お世話している植物たちをどうするか？　考えてしまいますよね。マンションのベランダなどでは、まず何といっても**強風対策が大切**です。一般的に台風が近づいて暴風域に入るのは、1日前後の時間です。**事前に対策すれば安心**です。

鉢やプランターを室内に移動させる方法

非常に単純な方法ですが、一時的に鉢やプランターを室内に避難させます。ポイントとしては、**事前の水やりを少なめにしておく**と、**鉢の重さが多少軽く**なり、女性や高齢者でも移動しやすいです。ベランダ内の移動に便利なキャスター付きの鉢台という物もあります。

しかし、部屋の床が汚れるのは悩ましい。そんなときの助っ人が、100均などで販売しているビニール製のテーブルクロスです。テーブルクロスの四隅を写真のようにテープやステプラー（ホチキス）で軽くとめます。

このようにすれば、土が床にこぼれません。台風通過後はすぐにベランダに戻して、たっぷり水やりしてください。

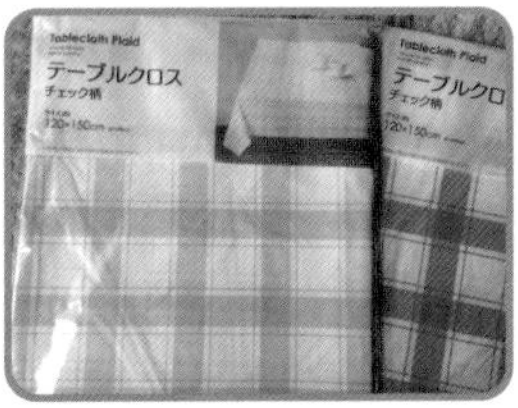

100均のテーブルクロス

①広げる

②角をつまむ

③角を折り曲げる

④ステプラー（ホチキス）でとめる

⑤完成

鉢やプランターを動かさない方法

鉢やプランターをベランダに置いたままでもできる台風対策だってあります。まずプランターをレンガなどの上にのせている場合は、床におろしてください。次に水をわざとたっぷり与えます。**土に水を含ませることによって全体の重量を増やすと、転倒防止に効果があります**。同時に、葉の乾燥防止にもなります。慣れない強風に当たりすぎて、葉からあっという間に水分が奪われてしまうからです。さらに、プランターをなるべく一カ所にまとめ、**壁際に寄せると風を受けにくい**です。

ただし、サッシガラスの横は避けてください。風が強いと、プランターが飛んでサッシのガラスに当たって割れることがあるからです。小さな鉢物は、木製ボックスの中に数個ずつを入れると動きにくくなります。

ホームセンターなどに行けば、いろいろなサイズの木製ボックスが販売されています。台風通過後は、木製ボックスの底を上にして花鉢などの飾り棚として活用できます。もちろんＤＩＹでこだわりのボックスを作るのも素敵です。

日常の使い方

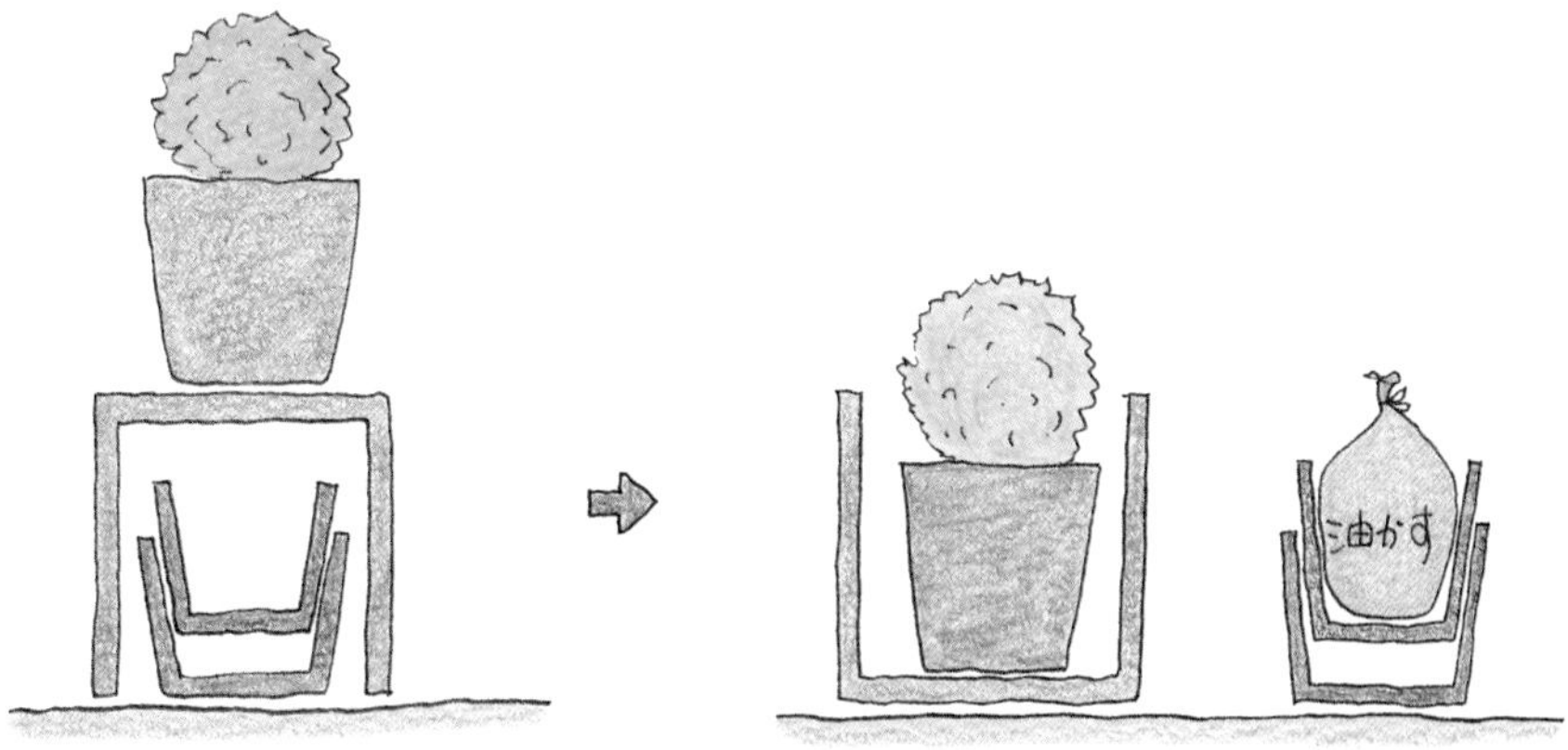

日常　　　台風時

注意

小さなお子さんがいるご家庭の場合、お子さんが飾り棚に乗ってしまい、ベランダの手すりを越えて転落する危険性があります。

Lesson 18 野菜を収穫するまでの基本作業

プランターで野菜を収穫するまでの一連の作業をみてみましょう。さまざまな野菜がありますが、命を育てるという点に関しては、いずれにも共通する作業やポイントがたくさんあります。それをおさえておけば、栽培がとてもスムーズになります。

土入れ→タネまき&苗の植え付け→水やり→間引き→追肥→収穫までを順を追って説明します。

1 土入れ

野菜づくりは、プランターに園芸用土を入れるところからスタートします。土（母なる大地）が良ければ野菜はすこやかに育ちます。

土入れに使う鉢底石は、軽石などを用いることが多いです。ただこれだと、土をリフレッシュする時に**土と石を分ける必要があります**。**その手間を省くために、私は赤玉土の大粒を使います**。赤玉土なら土と混ぜても問題ありません。また、鉢底石をネットに入れるという方法もあります。台所の三角コーナー用ネットでも良いでしょう。

園芸用土に関しては、25ℓで600円以上の商品を目安に購入してください。私の経験上、この値段なら間違いないです。

一般的なプランターの場合

STEP 1
プランターの深さの2割程度に鉢底石（大粒の赤玉土）を入れます。

STEP 2
園芸用土を9分目まで入れます。

STEP 3
園芸用土を水で湿らせます。鉢底から水が流れるまで、たっぷり水やりします。

ザル状になっているプランターの場合※

STEP 1
排水性や通気性がいいので鉢底石は不要です。もし入れる場合は、鉢底が隠れる程度にします。

STEP 2
園芸用土を9分目まで入れます。

STEP 3
園芸用土を水で湿らせます。鉢底から水が流れるまでたっぷり水やりします。

これ大切！
▼
プランターは必ずレンガや木っ端などの上に置きます。鉢底の通気性、排水性の促進はもちろん、太陽の照り返しによるバルコニー床面からの暑さ除けにもなります。

※鉢底に水抜き穴が少なく、メッシュのプラスチック板を鉢底に敷くタイプではありません。

2 タネまき&苗の植え付け

順調な生育のカギはタネまきや苗の植え付けにあります。ここは丁寧に作業しましょう。プランターのタネまきには、**①すじまき**、**②点まき**、**③ばらまき**の3つの方法があります。

すじまき

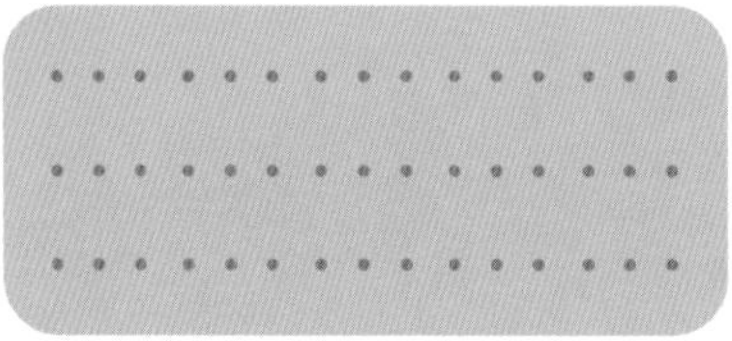

直線に深さ1cmの溝を作って一定の間隔でタネをまきます。間引きや土寄せ作業がしやすいです（クウシンサイなど）。

STEP 1

表面を平らにならした湿った土の上に、深さ1cmの溝を作ります。溝づくりには支柱や角材を使います。

STEP 2

1～2cmの間隔をあけてタネをまきます。親指と人差し指をひねるようにすると、1粒ずつまくことができます。

STEP 3

溝の両脇の土を親指と人差し指でつまんでタネの上に土を掛け、手のひらで軽く押さえます。

STEP 4

タネが流れないようにやさしく水やりします。タネまき前に土を十分湿らせているので、地表面を濡らす程度でいいです。

STEP 5

発芽までは地表面が乾かないように、新聞紙1枚を地表面に敷きます。

STEP 6

少しでも発芽したら新聞紙を取り除きます。取り遅れないように注意します。

点まき

間隔をあけて１カ所に数粒ずつタネをまきます。広い株間が必要で、生育期間の長い野菜向きです（ミニダイコンなど）。

STEP 1

表面を平らにならした湿った土の上に、直径３㎝深さ１㎝の穴を作ります。穴の間隔は野菜の種類で異なりますが、10～15㎝です。穴づくりにはペットボトルのフタが便利です。

STEP 2

ひとつの穴に３～５粒のタネをまきます。

STEP 3

ふたつまみの土をタネの上に掛け、手のひらで軽く押さえます。

STEP 4

タネが流れないようにやさしく水やりします。タネまき前に土を十分湿らせているので、地表面を濡らす程度でいいです。

STEP 5

発芽までは地表面が乾かないように、新聞紙１枚を地表面に敷きます。

STEP 6

少しでも発芽したら新聞紙を取り除きます。取り遅れないように注意します。

点まき

すじまき

ばらまき

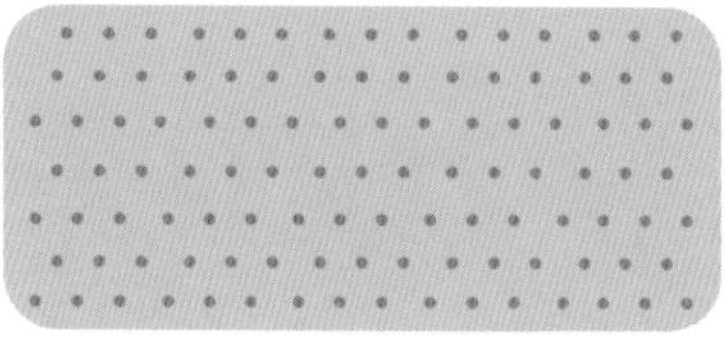

プランター全体にタネをまく方法です。間引き菜から収穫できる野菜向きです。タネまき作業は簡単ですが、その後の間引きや追肥はやりにくいです（シュンギクなど）。

STEP 1
湿った土の表面を平らにならします。

STEP 2
プランター全体にタネをまきます。タネの間隔は1～2㎝が目安です。タネまき作業は厳密でなくても大丈夫です。

STEP 3
タネが見えなくなるまで土をかぶせます。フルイを使って丁寧に行ない、手のひらで軽く押さえます。

STEP 4
タネが流れないようにやさしく水やりします。タネまき前に土を十分湿らせているので、地表面は濡らす程度でいいです。

STEP 5
発芽までは地表面が乾かないように、新聞紙1枚を地表面に敷きます。

STEP 6
少しでも発芽したら新聞紙を取り除きます。取り遅れないように注意します。

ばらまき（発芽直後）

ばらまき（間引き収穫開始）

Point

タネまき前後の基本的な管理ポイント

Point 1
タネまき前に土を十分湿らせることが大切です。

Point 2
地表面を乾かさないようにします。

Point 3
水をやり過ぎると、タネが呼吸できなくなり発芽しません。地表面が湿っているときは水やりは不要です。

Point 4
多くの野菜の発芽適温は20〜25℃です。夏野菜などは30℃まで大丈夫です。

Point 5
発芽には太陽光は必要ありません。屋内でも可能です。

Point 6
少しでも発芽したら、直射日光に当てます。

Point 7
害虫の多い野菜は、防虫ネットをセットします。

ポリポットのタネまき方法

プランターに直接タネをまかずに、ポリポットにまいて苗を育てます。ある程度の大きさの苗に育ったら、プランターに植え付けます（リーフレタスなど）。

STEP 1
ポリポットの9分目くらいまで園芸用土を入れます。

STEP 2
ポットの底から水が出るくらいたっぷりと水やりをして、土を十分湿らせます。

STEP 3
ひとつのポットに4〜5粒のタネをまきます。

STEP 4
タネが見えなくなるまで土をかぶせます。フルイを使うとより丁寧です。その後、指で軽く押さえます。

STEP 5
タネが流れないようにやさしく水やりします。タネまき前に土を十分湿らせているので、地表面を濡らす程度でいいです。

STEP 6
ポリポットを地面に直接置かずに、苗ケースなどに入れて底を宙に浮かせます。

STEP 7
発芽までは地表面が乾かないように、新聞紙などでポリポットをおおいます。

STEP 8
少しでも発芽したら新聞紙を取り除きます。取り遅れないように注意します。

3 水やり

プランター栽培では水やりが欠かせません。水不足はもちろん、過湿にも気をつけます。

Point 1

地表面が乾くまで水やりをしません

常に過湿してしまうと、根が呼吸に必要な酸素が土中に入り込む余地がありません。過湿が連続すると根腐れする可能性もあります。

水やりは地表面が乾いてから

Point 2

水やりは、鉢底から流れるまでたっぷり与えるのが基本です

水やりは根に水を与えると同時に、根から出る老廃物や二酸化炭素を洗い流す目的もあります。

Point 3

季節ごとの水やりタイム

春夏は早朝に水やりを行い、不足分は夕方に与えます。秋冬は午前10時～12時のあたたかい時間が良いでしょう。

2～3日の留守中の水やりアイデア

プランターを化粧ボックスなどに入れ、プランターの深さの4分の1まで水に浸けます。水が多すぎたり、浸ける期間が長すぎたりすると根腐れするので注意します。

4 間引き

発芽した時点から競わせながら間引きします。上手に育てれば、間引き菜もおいしく食べられます。

1回目の間引き

タネまき1週間から10日後、双葉が開き切ったら間引きをします。双葉が大きく茎が太いものを残します。間隔は葉が触れ合う程度（2～3㎝）。

2回目の間引き

本葉が2～3枚になったらハサミで2回目の間引きをします。もし苗が不安定なら、土を株の両側から寄せて株元に土寄せをします。ばらまきの場合、土寄せはできないので不要です。

3回目の間引き

3～4回目の間引きで、最終間引きとします。各野菜の株間にします。

間引き前

間引き中

間引き後

5 追肥

追肥とは、栽培の途中で野菜に必要な養分を与えることです。プランター栽培では、あらかじめ肥料(元肥)が入った園芸用土を使うことが多いので、元肥の作業は必要なく追肥の作業がメインになります。

有機肥料

粉末の醗酵《はっこう》油かすがおすすめです。効き目が早く、匂いが少ない有機肥料です。

与え方 地表面にばらまいた後は、バーク堆肥で上から覆います。

化成肥料

肥料の三要素N(チッソ)、P(リン酸)、K(カリ)が8%:8%:8%の割合で調整された化成肥料がおすすめです。

与え方 株元に必要な量を適切に施します。

緩効性肥料

肥料分がゆっくりとけ出すように加工された粒状の肥料です。タネまきや苗の植え付け前に、土に埋め込むタイプが多いです。

与え方 私がおすすめするマグァンプK中粒は植え込み時に土に混ぜ込むので、追肥の必要はありませんが、液体肥料を併用することをおすすめします。

液体肥料

原液を水で薄めて使うタイプと、そのまま使うストレートタイプがあります。どちらも即効性がありお手軽です。

与え方 1週間から10日間に1回、規定倍率で水やり代わりに与えます。

置く肥料

置《お》き肥《ひ》ともいいます。水やりするたびに土にとけ出します。

与え方 説明書き通りに追肥します。置くだけではなく、土に押し込むと効果的です。

6 収穫

葉を摘む、かき取る、根ごと収穫するなど、野菜によってさまざまな収穫の仕方があります。野菜を新鮮でおいしく食べるためには、収穫のタイミングもとても大切です。

収穫の Point 1

晴天の午前中に収穫します。夏場は早朝に収穫します。

収穫の Point 2

収穫後は原則、生えていた向きで保存します。

プランターで作る
おすすめ野菜の育て方

はじめて野菜づくりを始める人にも
比較的育てやすい
野菜の育て方を紹介します。
ミニサイズなら、ミニダイコンや
コカブなどの根菜類も
プランターで育てられます。

リーフレタス
P.134

パセリ
P.136

バジル
P.138

ニラ
P.140

シュンギク
P.142

九条ネギ
P.144

セロリ
P.146

クウシンサイ
P.148

オクラ

P.166

コマツナ

P.158

ブロッコリー

P.150

ナス

P.168

ミニトマト

P.160

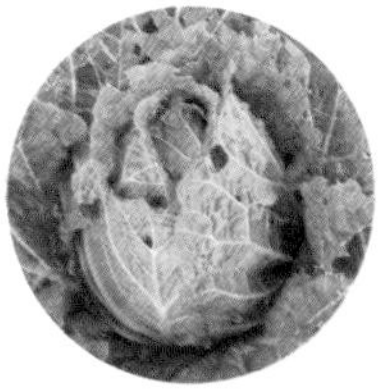

ハクサイ

P.152

ミニダイコン

P.170

ピーマン

P.162

キャベツ

P.154

コカブ

P.172

キュウリ

P.164

チンゲンサイ

P.156

	7月	8月	9月	10月	11月	12月	1月	2月
			最適期					
			最適期					
			最適期					
			最適期					
			最適期					
			最適期					
			最適期					
			最適期					
							9月植え付け分	
			最適期			9月植え付け分 ▼		
			最適期		春キャベツ			
						冬キャベツ		
	おすすめできません		最適期					
	おすすめできません		最適期					

プランター栽培の年間スケジュール(葉物野菜/葉菜類)

		3月	4月	5月	6月
リーフレタス	●タネまき		最適期		
	●苗の植え付け		最適期	最適期	
	●収穫				
パセリ	●苗の植え付け		最適期	最適期	
	●収穫				
バジル	●タネまき				最適期
	●苗の植え付け				最適期
	●収穫				
ニラ	●苗の植え付け			最適期	
	●収穫				
シュンギク	●タネまき		最適期	最適期	
	●収穫				
九条ネギ	●苗の植え付け				
	●収穫				
セロリ	●苗の植え付け		最適期	最適期	
	●収穫				
クウシンサイ	●タネまき				最適期
	●収穫				
ブロッコリー	●苗の植え付け				3月植え付け分 ▼
	●収穫		◀ 9月植え付け分		
ハクサイ	●苗の植え付け				3月植え付け分 ▼
	●収穫				
キャベツ	●苗の植え付け				
	●収穫			春キャベツ	
チンゲンサイ	●タネまき	春のタネまきもできますが、害虫が多いので			
	●収穫				
コマツナ	●タネまき	春のタネまきもできますが、害虫が多いので、			
	●収穫				

	7月	8月	9月	10月	11月	12月	1月	2月

	7月	8月	9月	10月	11月	12月	1月	2月
	おすすめできません		最適期					
	おすすめできません		最適期					

プランター栽培の年間スケジュール（実物野菜/果菜類）

		3月	4月	5月	6月
ミニトマト	●タネまき	最適期			
	●苗の植え付け			最適期	
	●収穫				
ピーマン	●苗の植え付け			最適期	
	●収穫				
キュウリ	●苗の植え付け			最適期	
	●収穫				
オクラ	●苗の植え付け			最適期	
	●収穫				
ナス	●苗の植え付け			最適期	
	●収穫				

プランター栽培の年間スケジュール（根物野菜/根菜類）

		3月	4月	5月	6月
ミニダイコン	●タネまき	春のタネまきもできますが、害虫が多いので			
	●収穫				
コカブ	●タネまき	春のタネまきもできますが、害虫が多いので			
	●収穫				

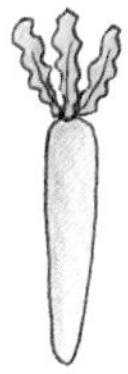

害虫に強い

01 葉菜類 リーフレタス・サニーレタス

Leaf Lettuce

キク科

栽培カレンダー ●タネまき ●苗の植え付け ●収穫（間引き菜収穫含む）

3月	4月	5月	6月	7月	8月	9月	10月	11月	12月	1月	2月

育て方動画サイト

リーフレタスのハンギング

おすすめのプランターサイズ

大きなプランターでも育てることができますが、100均ショップのプランターでも十分です。

特徴

サニーレタスは、丸くならない非結球タイプのレタスで、リーフレタスの仲間です。リーフレタスの中にはサニーレタスはもちろん、すべての葉が緑色、銅葉などいろいろな品種があります。リーフレタスは寒さや暑さに強く栽培が簡単なうえに病虫害も少ないです。また、長期間収穫できるので、便利です。

1 〉苗の植え付け

❶プランターには底が隠れる程度の鉢底石や赤土玉の大粒を入れてから、園芸用土を9分目まで入れます。

❷鉢底から水が流れるまでたっぷり水やりします。

❸表面を平らにならし、深さ5〜6㎝の穴を3穴作ります。

❹直径30㎝ほどの丸型プランターなら、3苗植え付けましょう。鉢の縁近くに植え付け、プランターの中心部に空間を作ると大きく育ちます。

❺苗の植え付け後にやさしく水やりをします。その後、保湿効果を高めるために、バーク堆肥を敷き詰めます。

❻ハンギングバスケットで育てることもできます。

2 〉収穫・追肥

❶収穫

苗の植え付けから2〜3週間して葉が大きくなってきたら、外葉から収穫します。葉を4〜5枚残すようにしてください。収穫後は追肥をしてください。食べない時も放置せず、継続的に外葉からかき取ってください。ほど良い刺激で暑さ寒さに強くなり、成長が促進されます。

❷追肥

有機肥料や化成肥料なら3週間に1回です。

追肥

◎有機肥料(粉末の醗酵《はっこう》油かす)の場合…地表面に粉雪が舞う程度バラまいた上に、バーク堆肥を厚さ3㎝で敷き詰めます。

◎化成肥料の場合…土の量1ℓあたり1gを目安にバラまき、移植ゴテで化成肥料と土をなじませます。

◎液体肥料のみの場合…1週間に1回、規定の希釈倍率で与えます。

❸3回目の間引き

3〜4回目の間引きで、最終間引きとします。間引き後の追肥は、❷と同様に行ないます。

※地表面が固くなってきたら、移植ゴテや割りばしなどで地表深さ1〜2㎝を耕します。通気性、排水性が良くなり、野菜が元気に育ちます。

外葉から収穫します

{ その他の注意点 }

霜が降りだす季節になったら、夜間は玄関などに避難させ、霜が当らないようにします。日常の水やりは地表面が乾いたら、鉢底から流れるまでたっぷり与えてください。常に土が湿っていると、ナメクジが発生する原因になります。プランターをレンガなどの上に置いて、鉢底を乾かすことでナメクジ対策になります。葉にアブラムシが発生した場合は、強いシャワーで洗い流してください。

害虫に強い

キアゲハ以外

02　葉菜類　パセリ

Parsley

セリ科

栽培カレンダー　●苗の植付け　●収穫

	3月	4月	5月	6月	7月	8月	9月	10月	11月	12月	1月	2月
苗の植付け	●	●	●	●	●		●	●	●			
収穫	●	●	●	●	●		●	●	●	●		

育て方
動画サイト

おすすめのプランターサイズ

大きなプランターでも育てることができますが、100均ショップのプランターでも十分です。

キアゲハの産卵

特徴

パセリは、寒さや暑さに強く栽培が簡単なうえに、長期間収穫できるので便利。ギリシャ、ローマ時代から、香辛料や薬用として使われていました。栄養面でもカロテン、ビタミン類、ミネラル類を豊富に含みます。血液をサラサラにする効果も期待できます。パセリは害虫被害が少なく無農薬栽培しやすい野菜です。唯一の大敵キアゲハの幼虫だけを捕殺します。

1 〉苗の植え付け

❶鉢には鉢底石か赤玉土の大粒を入れ、9分目まで園芸用土を入れます。

❷鉢底から水が流れるまでたっぷり水やりします。

❸直径20㎝ほどの鉢なら、1苗のみ植え付けましょう。パセリはタネもありますが、セリ科の植物は発芽に時間が掛かり、初期成長が遅いので、苗を購入して育てることをおすすめします。

❹表面を平らにならし、深さ5〜6㎝の穴を作ります。

❺苗の植え付け後にやさしく水やりします。その後、保湿効果を高めるため地表面にバーク堆肥を敷き詰めます。葉陰でも育つので混植も可能。

パセリ、サニーレタス、ネギ、青ジソの混植

2 〉収穫・追肥

❶収穫

苗の植え付けから2〜3週間して葉が大きくなってきたら、外葉から収穫します。収穫後は追肥をしてください。食べない時も放置せず、継続的に外葉からかき取ってください。ほど良い刺激で暑さ寒さに強くなり、成長が促進されます。
パセリは刻んでラップで小分けに包み冷凍しておくと、コーンスープなどのトッピングに使えます。また、フライパンで乾煎りしたパセリとお好みの塩を混ぜると、自家製ハーブソルトの完成です。

❷追肥

有機肥料や化成肥料なら3週間に1回です。

追肥

◎有機肥料(粉末の醗酵《はっこう》油かす)の場合…地表面に粉雪が舞う程度バラまいた上に、バーク堆肥を厚さ3㎝で敷き詰めます。

◎化成肥料の場合…土の量1ℓあたり1gを目安に、バラまき、移植ゴテで化成肥料と土をなじませます。

◎液体肥料のみの場合…1週間に1回、規定の希釈倍率で与えます。

※地表面が固くなってきたら、移植ゴテや割りばしなどで地表深さ1〜2㎝を耕します。通気性、排水性が良くなり、野菜が元気に育ちます。

パセリのかき取り収穫

{ その他の注意点 }

霜が降り出す季節になったら、夜間は玄関などに避難させ、霜が当らないようにします。日常の水やりは地表面が乾いたら、鉢底から流れるまでたっぷり与えてください。葉にアブラムシが発生した場合は、強いシャワーで洗い流してください。

バジル&トマト

害虫に強い

03 葉菜類 バジル

Basil シソ科

栽培カレンダー ●タネまき ●苗の植え付け ●収穫

	3月	4月	5月	6月	7月	8月	9月	10月	11月	12月	1月	2月
タネまき			━	━	━							
苗の植え付け			━	━	━							
収穫			━	━	━	━	━	━				

育て方
動画サイト

おすすめのプランターサイズ

大きなプランターでも育てることができますが、100均ショップのプランターや鉢でも十分です。小さな鉢でも良いですが、スリット鉢ならなお良いです。写真は6号鉢で直径約18cmのスリット鉢です。

特徴

人気が高いハーブ苗です。害虫に強いので無農薬で育てられます。イタリアン人気の影響か、お馴染みの野菜になりましたが、スーパーでは意外と値段の高い野菜です。育てる最大のポイントは、とにかく花芽を付けないことです。香りの質が低下するので、見つけ次第取り除くようにします。

1 〉苗の植え付け

❶鉢またはプランターには、鉢底石か赤玉土の大粒を入れてから、9分目まで園芸用土を入れます。

❷鉢底から水が流れるまでたっぷり水やりします。

❸直径20㎝ほどの鉢なら、1苗のみ植え付けましょう。バジルはタネスタートもOKです。花芽の付いていない苗を選んでください。バジルペーストを作るなら、縦20㎝、横60㎝程度のプランターに4～6苗植え付けてください。土は普通の園芸用土で結構ですが、水はけが良い状態を好む野菜なので排水性確保のため、必ず鉢底石を鉢底が見えなくなるまでしっかり入れましょう。

❹表面を平らにならし、深さ5～6㎝の穴を作ります。

❺苗の植え付け後にやさしく水やりします。その後、保湿効果を高めるために、バーク堆肥を敷き詰めます。

｛その他の注意点｝

日常の水やりは地表面が乾いたら、鉢底から流れるまでたっぷり与えてください。苗の時期に10℃以下の低温に当たると、花芽が付きやすくなります。

自家製バジルペースト

2 〉収穫・追肥

❶収穫

苗の植え付けから2週間して収穫します。葉と茎の間に脇芽《わきめ》が付いているので、これだけは必ず残すようにして、茎ごとハサミでカットします。成長が旺盛なので、大胆にどんどんカットしてください。葉だけを収穫するとどうなるか？　草丈がぐんぐんのびてきて、株に負担が掛かってしまうのです。そこで、葉と茎をセットで収穫します。そして、常に草丈を25㎝前後にキープすることを意識してください。害虫は少ないですが、もし見つけたら葉ごと取り除きます。

脇芽を残して茎ごと収穫

❷追肥

有機肥料や化成肥料なら3週間に1回です。

追肥

◎有機肥料（粉末の醗酵《はっこう》油かす）の場合…地表面に粉雪が舞う程度バラまいた上に、バーク堆肥を厚さ3㎝で敷き詰めます。

◎化成肥料の場合…土の量1ℓあたり1gを目安にバラまき、移植ゴテで化成肥料と土をなじませます。

◎液体肥料のみの場合…1週間に1回、規定の希釈倍率で与えます。

※地表面が固くなってきたら、移植ゴテや割りばしなどで地表深さ1～2㎝を耕します。通気性、排水性が良くなり、野菜が元気に育ちます。

害虫に強い

04 葉菜類 ニラ

Chinese chive　ユリ科

栽培カレンダー ●苗の植え付け ●収穫

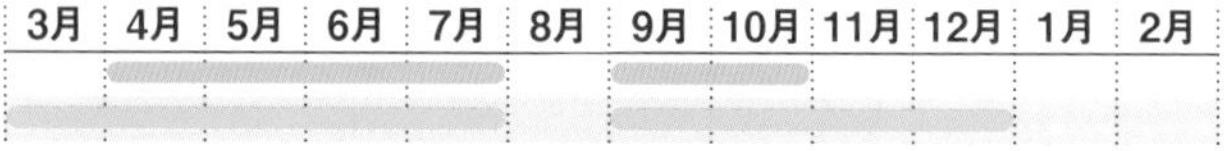

育て方
動画サイト

おすすめのプランターサイズ

大きなプランターでも育てることができますが、100均ショップのプランターや鉢でも十分です。小さな鉢でも良いですが、スリット鉢ならなお良いです。

特徴

ニラは中国原産の多年草です。独特の香りがある葉を主に利用します。カルシウム、カロテン、ビタミン類などが含まれていて栄養豊富です。ニラの香りはアリシン（硫化アリル）でビタミンB1の吸収を良くするといわれています。お料理としては、ビタミンB群の豊富なレバーなどとの相性が抜群です。害虫に強いので無農薬栽培ができます。

1 〉苗の植え付け

❶鉢には鉢底石か赤玉土の大粒を入れてから、9分目まで園芸用土を入れます。

❷鉢底から水が流れるまでたっぷり水やりします。

❸直径20cmほどの鉢なら、1苗のみ植え付けましょう。半年間は株を充実させるために収穫しない方が良いです。一度苗を植え付けると、数年間連続して収穫できます。

❹表面を平らにならし、深さ5～6cmの穴を作ります。

❺苗の植え付け後にやさしく水やりします。その後、保湿効果を高めるために、バーク堆肥を敷き詰めます。

収穫したニラ

{ その他の注意点 }

日常の水やりは地表面が乾いたら、鉢底から流れるまでたっぷり与えてください。

2 〉収穫・追肥

❶収穫

夏になり花芽が上がってきたら必ず摘み取ります。残しておくと株が弱ります。草丈が25cm以上になったら、株元を3～4cm残して刈り取ります。若採りしてもおいしいです。高温期は葉が硬くなりますが、切り戻しは継続して行ってください。
苗を植え付けてから数年は収穫できますが、2年に一度掘り上げて、株を分割して植え直します。害虫は少ないですが、もし見つけたら葉ごと取り除きます。

❷追肥

有機肥料や化成肥料なら2～3週間に1回です。

追肥

◎有機肥料（粉末の醗酵《はっこう》油かす）の場合…地表面に粉雪が舞う程度バラまいた上に、バーク堆肥を厚さ3cmで敷き詰めます。

◎化成肥料の場合…土の量1ℓあたり1gを目安にバラまき、移植ゴテで化成肥料と土をなじませます。

◎液体肥料のみの場合…1週間に1回、規定の希釈倍率で与えます。

※地表面が固くなってきたら、移植ゴテや割りばしなどで地表深さ1～2cmを耕します。通気性、排水性が良くなり、野菜が元気に育ちます。

ニラは刈り取り収穫後も連続して収穫できる

害虫に強い

05 葉菜類 シュンギク

Crown daisy

キク科

育て方
動画サイト

栽培カレンダー ●タネまき ●収穫（間引き菜収穫含む）

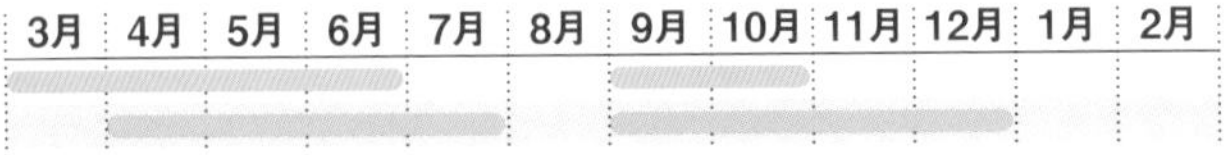

おすすめのプランターサイズ

大きなプランターでも育てることができますが、100均ショップのプランターでも十分です。

特徴

タネをまいたら1週間から10日程で芽が出ます。小さなプランターを数個準備し、2週間間隔で順番に1プランターずつタネまきすれば、長い間収穫が楽しむことができます。キク科の植物は害虫が付きにくいので、無農薬栽培しやすいです。最後まで育てると花が咲きますが、鮮やかな黄色の小菊のようで切り花としても楽しめます。

1 〉タネまき

タネまきから1週間～10日で発芽します。

❶プランターには9分目まで園芸用土を入れます。

❷鉢底から水が流れるまでたっぷり水やりします。

❸表面を平らにならし、深さ1㎝の溝を2本作ります。溝づくりは支柱や角材を使います。

❹タネを1㎝間隔ですじまきします。親指と人差し指をひねるようにすると、1粒ずつまくことができます。

❺溝の両脇の土を親指と人差し指でつまんでタネの上に土を掛け、手のひらで軽く押さえます。

❻タネが流れないようにやさしく水やりします。タネまき前に土を十分湿らせているので、地表面を濡らす程度で良いです。

❼発芽までは地表面が乾かないように、新聞紙1枚を地表面に敷きます。

❽少しでも発芽したら新聞紙を取りはずします。取り遅れないように注意します。防虫ネットは不要です。アブラムシが発生した時は、ジョウロなどで洗い流します。

2 〉間引き・追肥

❶1回目の間引き

双葉が開ききったら間引きをします。双葉が大きく茎が太いものを残します。間隔は葉が触れ合う程度です(2～3㎝)。

間引き

❷2回目の間引き及び追肥

本葉が3～4枚になったら2回目の間引きをします。

追肥

◎有機肥料(粉末の醗《はっ》酵《こう》油かす)の場合…地表面に粉雪が舞う程度バラまいた上に、バーク堆肥を厚さ3㎝で敷き詰めます。

◎化成肥料の場合…土の量1ℓあたり1gを目安に、溝の間にバラまき、移植ゴテで化成肥料と土をなじませます。

◎液体肥料のみの場合…1週間に1回、規定の希釈倍率で与えます。

❸3回目の間引き

3～4回目の間引きで、最終間引きとします。間引き後の追肥は、❷と同様に行ないます。

※地表面が固くなってきたら、移植ゴテや割りばしなどで地表深さ1～2㎝を耕します。通気性、排水性が良くなり、野菜が元気に育ちます。

3 〉収穫

草丈が15㎝以上になったら、順次収穫していきます。下の葉を4～5枚残して茎ごと収穫します。再度、茎が15㎝になったら、前回と同様に、下の葉を4～5枚残して茎ごと収穫することを順次繰り返します。数回収穫できるお得野菜です。収穫後は必ず追肥をしてください。

下の葉4～5枚残して茎ごと収穫する

害虫に
強い

06 葉菜類

九条ネギ

Kujo green onions

ユリ科

育て方
動画サイト

栽培カレンダー ●苗の植え付け ●収穫

	3月	4月	5月	6月	7月	8月	9月	10月	11月	12月	1月	2月
苗の植え付け							●					
収穫	●								●	●	●	●

おすすめのプランターサイズ

白い部分を長く太くしたいのなら、深さのあるプランターで育てます。青ネギで良ければ、小さな浅鉢でも栽培可能です。

特徴

秋になるとホームセンターや園芸店の野菜苗売り場や入口近くに、干からびたようなネギが束にして売られているのを見たことはありませんか？　あれは干しネギといって、タネから育てられたネギを根ごと掘り取り、1カ月ほど干したものです。私の住んでいる関西では九条ネギという品種をよく見かけます。病気や害虫も少なく、非常に育てやすい野菜です。

1 〉苗の植え付けと追肥

❶プランターには底が隠れる程度の鉢底石や赤玉土の大粒を入れてから、半分の深さまで園芸用土を入れます。

❷干しネギの苗を購入したら、上部の葉を10cmほど残して切り落とし、1本ずつ5cm間隔で植え付けて水やりをします。

苗の植え付け時は土を半分の深さまで入れる

❸植え付けから2週間してネギがのびてきたら、粉状の発酵油かすを地表面にバラまいた上に、バーク堆肥を厚さ3cmで敷き詰めます。

植え付けから2週間後

❹植え付けから1カ月経過したら、再度粉状の発酵油かすを地表面全体にバラまき、バーク堆肥を厚さ3cmで敷き詰めます。

❺2週間ごとに❹の作業を繰り返します。

❻ネギの白い部分を多くしたい場合は、バーク堆肥の厚さを徐々に増やします。バーク堆肥は最終的には、プランターの9分目まで入れます。

2 〉追肥の説明

化成肥料なら2〜3週間に1回です。

追肥

◎化成肥料の場合…土の量1ℓあたり1gを目安にバラまいた上に、バーク堆肥を厚さ3cmで敷き詰めます。バーク堆肥は最終的には、プランターの9分目まで入れます。

◎液体肥料のみの場合…1週間に1回、規定の希釈倍率で与えます。2〜3週間に1回、バーク堆肥を厚さ3cmで敷き詰めます。バーク堆肥は最終的には、プランターの9分目まで入れます。

※地表面が固くなってきたら、移植ゴテや割りばしなどで地表深さ1〜2cmを耕します。通気性、排水性が良くなり、野菜が元気に育ちます。

3 〉収穫

12月から収穫開始です。根ごと掘り取っても良いですが、収穫時に地上部を2〜3cmほど残すと青ネギが再生します。再生の場合は、寒くても効きやすい液体肥料を2週間に1回与えます。

薬味として大活躍！

{ その他の注意点 }

日常の水やりは地表面が乾いたら、鉢底から流れるまでたっぷり与えてください。

害虫に強い

キアゲハ以外

07 葉菜類 セロリ

Celery

セリ科

栽培カレンダー　●苗の植え付け　●収穫

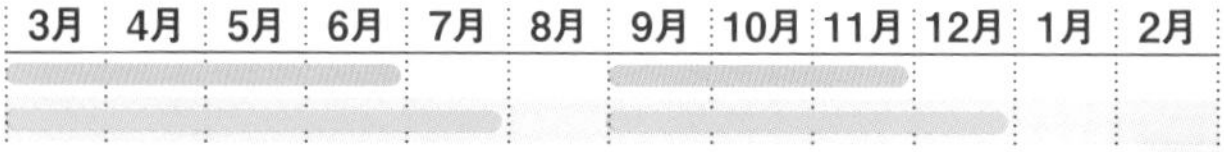

育て方
動画サイト

キアゲハの産卵

おすすめのプランターサイズ

大きなプランターでも育てることができますが、100均ショップのプランターでも十分です。

特徴

セロリは苗からスタートするのがおすすめです。害虫が少なく、比較的暑さや寒さに強く育てやすい野菜です。スーパーで売っているような大きさにはなりませんが、細かく刻んでいろいろな料理に入れるのも良いですし、自家製野菜ジュースにすると爽やかな香りが出ます。外葉からかき取りながら、長期間収穫できるところも良いです。

1 〉苗の植え付け

❶プランターに鉢底石か赤玉土の大粒を入れてから、9分目まで園芸用土を入れます。

❷鉢底から水が流れるまでたっぷり水やりします。

❸直径30cmほどの丸型プランターなら、3苗植え付けましょう。鉢の縁近く三角形に植え付け、プランターの中心部に空間を作ると大きく育ちます。

❹苗を植える穴は、深さ5〜6cmあけます。

❺苗の植え付け後にやさしく水やりをします。その後、保湿効果を高めるために、バーク堆肥を敷き詰めます。

セロリを3株植え付けた様子

{ その他の注意点 }

霜が降る季節になったら、夜間は玄関などに避難させ霜が当らないようにします。
日常の水やりは地表面が乾いたら、鉢底から流れるまでたっぷり与えてください。キアゲハの卵、幼虫は捕殺します。葉にアブラムシが発生した場合は、強いシャワーで洗い流してください。

2 〉収穫・追肥

❶収穫

苗を植え付けから2〜3週間して葉が大きくなってきたら、外葉から収穫できます。収穫後は追肥をしてください。食べない時も放置せず、継続的に外葉からかき取ってください。ほどよい刺激で暑さ寒さに強くなり、成長が促進されます。

❷追肥

有機肥料や化成肥料なら3週間に1回です。

追肥

◎有機肥料（粉末の醱酵《はっこう》油かす）の場合…地表面に粉雪が舞う程度にバラまいた上に、バーク堆肥を厚さ3cmで敷き詰めます。

◎化成肥料の場合…土の量1ℓあたり1gを目安にバラまき、移植ゴテで化成肥料と土をなじませます。

◎液体肥料のみの場合…1週間に1回、規定の希釈倍率で与えます。

※地表面が固くなってきたら、移植ゴテや割りばしなどで地表深さ1〜2cmを耕します。通気性や排水性が良くなり、野菜が元気に育ちます。

収穫は外葉からかき取る

害虫に強い

08 葉菜類 クウシンサイ

Chinese spinach

ヒルガオ科

栽培カレンダー ●タネまき ●収穫

育て方
動画サイト

おすすめのプランターサイズ

大きなプランターでも育てることができますが、100均ショップのプランターでも十分です。

特徴

クウシンサイは別名エンツァイといい、熱帯アジアを中心に栽培されているツル性の野菜です。暑さに強く旺盛に茂り、10月ごろまで収穫できます。栄養価も高く、カロテン、ビタミンC、カリウムなどのミネラルが豊富で、特に鉄分が多く、疲労回復に効果があるといわれています。虫がつきにくい野菜です。

も、繊維質で食べにくいです。株と株の間が2～3cmあいていれば、茎の部分が太くなります。

②追肥

タネまきスタートなら2週間後、苗スタートなら1週間後から、追肥を開始してください。有機肥料や化成肥料なら3週間に1回です。

追肥

◎有機肥料（粉末の醗酵《はっこう》油かす）の場合…地表面に粉雪が舞う程度にバラまいた上に、バーク堆肥を厚さ3cmで敷き詰めます。

◎化成肥料の場合…土の量1ℓあたり1gを目安に、溝の間にバラまき、移植ゴテで化成肥料と土をなじませます。

◎液体肥料のみの場合…1週間に1回、規定の希釈倍率で与えます。

③水やりが大切！

とにかく頻繁に水やりです！　水やりが十分だと、成長スピードが高まると同時に、やわらかい葉を収穫することができます。水切れすると葉が固くなってしまいます。

※地表面が固くなってきたら、移植ゴテや割りばしなどで地表深さ1～2cmを耕します。通気性、排水性が良くなり、野菜が元気に育ちます。

3 〉収穫と料理

草丈をのばさず20cmほどで収穫してください。地際を10cm程度残すように刈り込みます。夏場なら、刈り込んでから2週間で再収穫できます。何度も収穫できるお得な野菜です。収穫後は必ず追肥をしてください。

おすすめ料理は、クウシンサイとニンニクの炒め物です。このふたつを塩コショウで炒めるだけのシンプル料理ですが、やみつきになりますよ。

1 〉タネまき

最低気温が10℃を下まわらなくなったら、タネまきをします。

①プランターには9分目まで園芸用土を入れます。

②鉢底から水が流れるまでたっぷり水やりします。

③表面を平らにならし、深さ1cmの溝を2本作ります。溝づくりは支柱や角材を使います。

④タネを1cm間隔ですじまきします。親指と人差し指をひねるようにすると、1粒ずつまくことができます。

⑤溝の両脇の土を親指と人差し指でつまんでタネの上に土を掛け、手のひらで軽く押さえます。

⑥タネが流れないようにやさしく水やりをします。タネまき前に土を十分湿らせているので、地表面を濡らす程度で良いです。

⑦発芽までは地表面が乾かないように、新聞紙1枚を地表面に敷きます。

⑧少しでも発芽したら新聞紙を取りはずします。取り遅れないように注意します。防虫ネットは不要です。

2 〉間引き・追肥・水やり

①間引き不要！

タネから育てる場合、約1cm間隔でまいていれば、間引きの必要はありません。苗から育てる場合、苗同士が接するように植え付けてください。これらは、茎の部分をあまり太くせず、密植してモヤシのように育てたいからです。太くなった茎は水やりが十分で

頂花雷《ちょうからい》

09 葉菜類 ブロッコリー

Broccoli

アブラナ科

栽培カレンダー ●苗の植え付け ●収穫

3月	4月	5月	6月	7月	8月	9月	10月	11月	12月	1月	2月
									▼9月植え付け分		
	◀3月植え付け分			◀3月植え付け分							

（3月植え付け分は頂花蕾のみ、9月植え付け分は頂花蕾および側芽の収穫時期）

育て方
動画サイト

おすすめのプランターサイズ

土が多い方が良いので、深さのある菜園プランターで育てます。使用するプランターに合った、防虫ネットセットも準備してください。

特徴

家庭菜園では、農業と違って頂花蕾《ちょうからい》、つまり頂部にできる花の蕾《つぼみ》を収穫しておしまいではありません。側芽《そくが》がどんどん成長し、春まで小さなブロッコリーがたくさん収穫できます。ただし側芽収穫が楽しめるのは、9月に苗を植え付けた場合のみです。

1 〉苗の植え付けと追肥

❶プランターには底が隠れる程度の鉢底石や赤玉土の大粒を入れてから、9分目まで園芸用土を入れます。

❷プランターの底から水が出るまでたっぷり水やりをして、土を湿らせます。

❸幅50～60㎝のプランターなら、苗を2つ植え付けます。成長が早い早生《わせ》種や、頂《ちょう》花《か》蕾《らい》収穫後、側芽《そくが》が多くできる品種がおすすめです。

・苗を植える穴は、株間30㎝間隔で直径10㎝、深さ5～6㎝あけます。

・肥料を入れる穴は、株間のまん中に直径10㎝、深さ10㎝あけます。

❹苗を植える穴に水を入れます。水が引いたところで苗を植えます。肥料を入れる穴に、粉状の醗酵油かすとバーク堆肥を1:1に混ぜた肥料を2握り入れます。粉状の醗酵油かすがなければ、粒状でも大丈夫です。

❺地表面にバーク堆肥を厚さ3㎝で敷き詰め、たっぷりと水やりをします。

❻防虫ネットをかけます。

ブロッコリー苗植え付け1カ月後

防虫ネット

2 〉追肥の説明

有機肥料や化成肥料の追肥なら2～3週間に1回です。

追肥

◎有機肥料（粉末の醗酵《はっこう》油かす）の場合…地表面に粉雪が舞う程度にバラまいた上に、バーク堆肥を厚さ3㎝で敷き詰めます。

◎化成肥料の場合…土の量1ℓあたり1gを目安にバラまいた上に、バーク堆肥を厚さ3㎝で敷き詰めます。

◎液体肥料のみの場合…1週間に1回、規定の希釈倍率で与えます。2～3週間に1回、バーク堆肥を厚さ3㎝で敷き詰めます。

※地表面が固くなってきたら、移植ゴテや割りばしなどで地表深さ1～2㎝を耕します。通気性、排水性が良くなり、野菜が元気に育ちます。

3 〉収穫

流通しているサイズよりやや小さめ、つまり頂花蕾を若干早めに収穫すると、株全体の勢いが衰えにくいです。下葉が黄色くなったものは取り除き、風通しを良くしてください。頂花蕾を収穫するまで防虫ネットは付けたままですが、その後12月～3月は不要です。

どんどんできる小さなブロッコリー（側芽《そくが》）

{ その他の注意点 }

日常の水やりは地表面が乾いたら、鉢底から流れるまでたっぷり与えてください。側芽を収穫していくなら、追肥も継続してください。ヒヨドリが葉を食べるので注意します。

10 葉菜類 ハクサイ

Chinese cabbage　　アブラナ科

育て方
動画サイト

栽培カレンダー　●苗の植え付け　●収穫

	3月	4月	5月	6月	7月	8月	9月	10月	11月	12月	1月	2月
苗の植え付け	●						●					
収穫				●	◀3月植え付け分					● 9月植え付け分		

おすすめのプランターサイズ

土が多い方が良いので、深さのある菜園プランターで育てます。使用するプランターに合った、防虫ネットセットも準備してください。

特徴

明治初めに日本に入ってきたハクサイは、球の内部が白い品種がほとんどでしたが、最近では内側の葉が黄色い黄芯系とオレンジ芯系の品種も出てきました。ビタミンCやカリウム、カルシウムなどのミネラル分が含まれ、食物繊維も豊富です。鍋ものはもちろん、炒めもの、漬物など、料理のバリエーションが豊富な野菜です。

1 〉苗の植え付けと追肥

❶プランターには底が隠れる程度の鉢底石や赤玉土の大粒を入れてから、9分目まで園芸用土を入れます。

❷プランターの底から水が出るまでたっぷり水やりをして、土を湿らせます。

❸幅50～60cmのプランターなら、苗を2つ植え付けます。成長の早い早生《わせ》種や極早生《ごくわせ》種の小ぶりな品種がおすすめです。

・苗を植える穴は、株間30cm間隔で直径10cm深さ5～6cmあけます。

・肥料を入れる穴は、株間のまん中に直径10cm深さ10cmあけます。

❹苗を植える穴に水を入れます。水が引いたところで苗を植えます。肥料を入れる穴に、粉状の醗酵油かすとバーク堆肥を1:1に混ぜた肥料を2握り入れます。粉状の醗酵油かすがなければ、粒状でも大丈夫です。

❺地表面にバーク堆肥を厚さ3cmで敷き詰め、たっぷりと水やりをします。

❻防虫ネットをかけます。

防虫ネット

ヒモでしばって寒さ除けをする

2 〉追肥の説明

有機肥料や化成肥料の追肥なら2～3週間に1回です。

追肥

◎有機肥料（粉末の醗酵《はっこう》油かす）の場合…地表面に粉雪が舞う程度にバラまいた上に、バーク堆肥を厚さ3cmで敷き詰めます。

◎化成肥料の場合…土の量1ℓあたり1gを目安にバラまいた上に、バーク堆肥を厚さ3cmで敷き詰めます。

◎液体肥料のみの場合…1週間に1回、規定の希釈倍率で与えます。2～3週間に1回、バーク堆肥を厚さ3cmで敷き詰めます。

※地表面が固くなってきたら、移植ゴテや割りばしなどで地表深さ1～2cmを耕します。通気性、排水性が良くなり、野菜が元気に育ちます。

3 〉収穫

結球部分を押えてかたくしまってきたら収穫します。収穫するまで防虫ネットは付けたままです。

結球部分がしまってきたら収穫する

{ その他の注意点 }

外葉で包むようにハクサイを紐で軽く縛っておくと、寒さ除けになります。日常の水やりは地表面が乾いたら、鉢底から流れるまでたっぷり与えてください。

11　葉菜類　キャベツ

Cabbage　　アブラナ科

栽培カレンダー　●苗の植え付け　●収穫

3月	4月	5月	6月	7月	8月	9月	10月	11月	12月	1月	2月
						▬		▬	◀春キャベツ		
		▬	◀春キャベツ						▬	◀冬キャベツ	

育て方
動画サイト

おすすめのプランターサイズ

土が多い方が良いので、深さのある菜園プランターで育てます。使用するプランターに合った、防虫ネットセットも準備してください。

特徴

キャベツはモンシロチョウなどの害虫が多いので、9月に苗を植え付けて、冬に収穫するのがおすすめです。ビタミン類が豊富でビタミンCや胃の働きを改善するビタミンU、カルシウムも豊富です。無農薬で育てたキャベツなら、料理にはかたくて使えない外葉まで、ミキサーでジュースにすることができます。

1 〉苗の植え付けと追肥

❶プランターには底が隠れる程度の鉢底石や赤玉土の大粒を入れてから、9分目まで園芸用土を入れます。

❷プランターの底から水が出るまでたっぷり水やりをして、土を湿らせます。

❸幅50〜60cmのプランターなら、苗をふたつ植え付けます。成長の早い早生《わせ》種や極早生《ごくわせ》種の小ぶりな品種がおすすめです。

・苗を植える穴は、株間30cm間隔で直径10cm、深さ5〜6cmあけます。

・肥料を入れる穴は、株間のまん中に直径10cm、深さ10cmあけます。

❹苗を植える穴に水を入れます。水が引いたところで苗を植えます。肥料を入れる穴に、粉状の醗酵油かすとバーク堆肥を1:1に混ぜた肥料を2握り入れます。粉状の醗酵油かすがなければ、粒状でも大丈夫です。

❺地表面にバーク堆肥を厚さ3cmで敷き詰め、たっぷりと水やりをします。

❻防虫ネットをかけます。

苗植え付け1カ月後

防虫ネット

2 〉追肥の説明

有機肥料や化成肥料の追肥なら2〜3週間に1回です。

追肥

◎有機肥料（粉末の醗酵《はっこう》油かす）の場合…地表面に粉雪が舞う程度にバラまいた上に、バーク堆肥を厚さ3cmで敷き詰めます。

◎化成肥料の場合…土の量1ℓあたり1gを目安にバラまいた上に、バーク堆肥を厚さ3cm敷き詰めます。

◎液体肥料のみの場合…1週間に1回、規定の希釈倍率で与えます。2〜3週間に1回、バーク堆肥を厚さ3cmで敷き詰めます。

※地表面が固くなってきたら、移植ゴテや割りばしなどで地表深さ1〜2cmを耕します。通気性、排水性が良くなり、野菜が元気に育ちます。

3 〉収穫

結球部分を押えてかたくしまってきたら収穫します。収穫するまで防虫ネットは付けたままです。

完成

｛ その他の注意点 ｝

日常の水やりは地表面が乾いたら、鉢底から流れるまでたっぷり与えてください。モンシロチョウの幼虫などは見つけ次第、捕殺します。

12 葉菜類 チンゲンサイ

Qing geng cai

アブラナ科

育て方
動画サイト

栽培カレンダー ●タネまき ●収穫（間引き菜収穫含む）

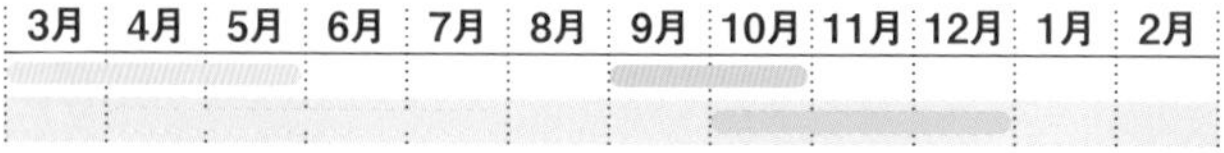

春のタネまきもできますが、害虫が多いのであまりおすすめできません

おすすめのプランターサイズ

大きなプランターでも育てることができますが、
100均ショップのプランターでも十分です。

特徴

タネをまいたら1週間以内で芽が出ます。小さなプランターを数個準備し、2週間間隔で順番に1プランターずつタネまきすれば、長い間収穫が楽しむことができます。早く収穫したい場合は、ミニチンゲンサイを選んでください。成長が早いので育てやすい野菜です。

1 〉タネまき・防虫対策

タネまきから1週間以内で発芽します。

①プランターは9分目まで園芸用土を入れます。

②鉢底から水が流れるまでたっぷり水やりします。

③表面を平らにならし、深さ1cmの溝を2本作ります。溝づくりは支柱や角材を使います。

④タネを1cm間隔ですじまきします。親指と人差し指をひねるようにすると、1粒ずつまくことができます。

親指と人差し指をひねるようにすじまきをする

⑤溝の両脇の土を親指と人差し指でつまんでタネの上に土をかけ、手のひらで軽く押さえます。

⑥タネが流れないようにやさしく水やりします。タネまき前に土を十分湿らせているので、地表面を濡らす程度で良いです。

⑦発芽までは地表面が乾かないように、新聞紙1枚を地表面に敷きます。

⑧少しでも発芽したら新聞紙を取りはずします。取り遅れないように注意します。その後、防虫ネットを掛けます。

2 〉間引き・追肥

①1回目の間引き

双葉が開ききったら間引きをします。双葉が大きく茎が太いものを残します。間隔は葉が触れ合う程度です(2〜3cm)。

②2回目の間引き及び追肥

本葉が3〜4枚になったら2回目の間引きをします。

追肥

◎有機肥料(粉末の醗《はっ》酵《こう》油かす)の場合…地表面に粉雪が舞う程度バラまいた上に、バーク堆肥を厚さ3cmで敷き詰めます。

◎化成肥料の場合…土の量1ℓあたり1gを目安に、溝の間にバラまき、移植ゴテで化成肥料と土をなじませます。

◎液体肥料のみの場合…1週間に1回、規定の希釈倍率で与えます。

③3回目の間引き

3〜4回目の間引きで、最終間引きとします。間引き後の追肥は、②と同様に行います。

※地表面が固くなってきたら、移植ゴテや割りばしなどで地表深さ1〜2cmを耕します。通気性、排水性が良くなり、野菜が元気に育ちます。

タネまき1カ月後、混み合ってきたら間引きする

3 〉収穫

チンゲンサイの形になったら、順次収穫していきます。収穫時期を逃すと花芽ができます。スーパーなどではあまり見かけませんが、花芽は菜の花としても食べることができます。結構おいしいです。

13 葉菜類 コマツナ

Japanese mustard spinach アブラナ科

育て方動画サイト

栽培カレンダー タネまき 収穫(間引き菜収穫含む)

春のタネまきもできますが、害虫が多いのであまりおすすめできません

おすすめのプランターサイズ

大きなプランターでも育てることができますが、100均ショップのプランターでも十分です。

特徴

タネをまいたら1週間以内で芽が出ます。小さなプランターを数個準備し、2週間間隔で順番に1プランターずつタネまきすれば、長い間収穫が楽しむことができます。ビタミンC、カロテン、鉄分およびカルシウムなどを含む健康野菜です。アクが少ないので食べやすく、おひたし、和え物、炒め物など幅広く使えます。

1 〉タネまき・防虫対策

タネまきから1週間以内で発芽します。それぞれ、タネを購入する前に春まきか、秋まき用の品種かを確認します。春も可能ですが害虫が多いので、秋まきがおすすめです。タネまきから4〜5日で発芽します。

❶プランターには9分目まで園芸用土を入れます。

❷鉢底から水が流れるまでたっぷり水やりします。

❸表面を平らにならし、深さ1cmの溝を2本作ります。溝づくりは支柱や角材を使います。

❹タネを1cm間隔ですじまきします。親指と人差し指をひねるようにすると、1粒ずつまくことができます。

❺溝の両脇の土を親指と人差し指でつまんでタネの上に土を掛け、手で軽く押さえます。

タネと土が密着するように、
手で軽くおさえる

❻タネが流れないようにやさしく水やりします。タネまき前に土を十分湿らせているので、地表面を濡らす程度で良いです。

❼発芽までは地表面が乾かないように、新聞紙1枚を地表面に敷きます。

❽少しでも発芽したら新聞紙を取りはずします。取り遅れないように注意します。その後、春まき、秋まきとも防虫ネットをかぶせます。

2 〉間引き・追肥

❶1回目の間引き

タネまき1週間から10日後、双葉が開ききったら間引きをします。双葉が大きく茎が太いものを残します。間隔は葉が触れ合う程度です（2〜3cm）。

❷2回目の間引き及び追肥

本葉が3〜4枚になったら2回目の間引きをします。

追肥

◎有機肥料（粉末の醗酵《はっこう》油かす）の場合…地表面に粉雪が舞う程度バラまいた上にバーク堆肥を厚さ3cmで敷き詰めます。

◎化成肥料の場合…土の量1ℓあたり1gを目安に、溝の間にバラまき、移植ゴテで化成肥料を土となじませます。

◎液体肥料のみの場合…1週間に1回、規定の希釈倍率で与えます。

❸3回目の間引き

3〜4回目の間引きを最終間引きとします。間引き後の追肥は、❷と同様に行います。

※地表面が固くなってきたら、移植ゴテや割りばしなどで地表深さ1〜2cmを耕します。通気性、排水性が良くなり、野菜が元気に育ちます。

3 〉収穫

草丈が20cm以上になったら、順次収穫していきます。根元からハサミで切ると、土がついてこないので洗うのが楽です。

収穫は根元から
ハサミで切る

14　果菜類　ミニトマト

Cherry tomato　　ナス科

栽培カレンダー　●タネまき　●苗の植え付け　●収穫

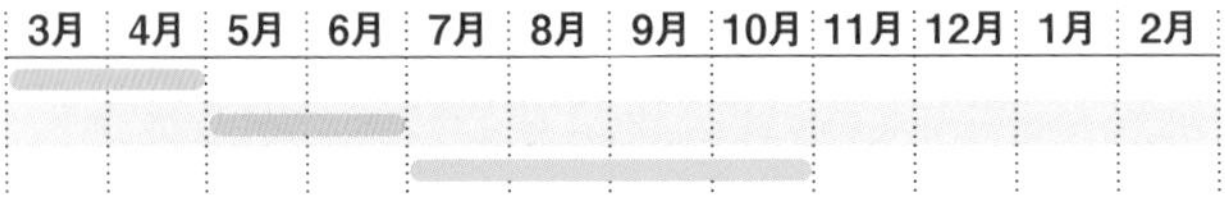

育て方動画サイト

おすすめのプランターサイズ

土が多い方が良いので、深さのある菜園プランターで育てます。高さ150㎝以上のリング支柱も準備してください。

特徴

トマトのサイズは、大玉から小梅サイズのマイクロトマトもあります。色は赤、黄色、オレンジ以外にピンク、紫などなど。緑色のまま熟す品種まであります。ミニトマトはプランターで簡単に育てることができ、初心者向きです。

1 〉苗の植え付け

❶プランターには底が隠れる程度の鉢底石や赤玉土の大粒を入れてから、9分目まで園芸用土を入れます。

❷プランターの底から水が出るまでたっぷり水やりをして、土を湿らせます。

❸幅50～60cmのプランターなら、苗を1つ植え付けます。

・苗を植える穴は、プランターのまん中に直径10cm、深さ5～6cmあけます。

・肥料を入れる穴は、プランターの両脇に直径10cm、深さ10cmあけます。

❹苗を植える穴に水を入れます。水が引いたところで苗を植えます。肥料を入れる穴に、粉状の醗酵油かすとバーク堆肥を1:1に混ぜた肥料を2握り入れます。粉状の醗酵油かすがなければ、粒状でも大丈夫です。

❺地表面にバーク堆肥を厚さ3cmで敷き詰め、たっぷりと水やりをします。

❻リング支柱を立てます。苗を麻ヒモなどでリング支柱に結びます。

{ その他の注意点 }

やや乾燥気味に育てますが、長雨に当たると実が割れることがあります。直射日光の当たる軒下のような場所が一番良いです。

2 〉追肥

有機肥料、化成肥料の追肥なら2～3週間に1回です。

追肥

◎有機肥料（粉末の醗酵《はっこう》油かす）の場合…地表面に粉雪が舞う程度バラまいた上に、バーク堆肥を厚さ3cmで敷き詰めます。

◎化成肥料の場合…土の量1ℓあたり1gを目安にバラまいた上に、バーク堆肥を厚さ3cmで敷き詰めます。

◎液体肥料のみの場合…1週間に1回、規定の希釈倍率で与えます。2～3週間に1回、バーク堆肥を厚さ3cmで敷き詰めます。

※地表面が固くなってきたら、移植ゴテや割りばしなどで地表深さ1～2cmを耕します。通気性、排水性が良くなり、野菜が元気に育ちます。

3 〉誘引など

苗の時からメインの茎のみをのばし、脇芽をカキ取ります。メインの茎をリング支柱にラセン状に誘引すると、コンパクトに収まります。黄色くなったり、枯れた葉は取り除きます。脇芽のカキ取りや葉の取り除きは、可能な限りハサミを使わず行ないます。

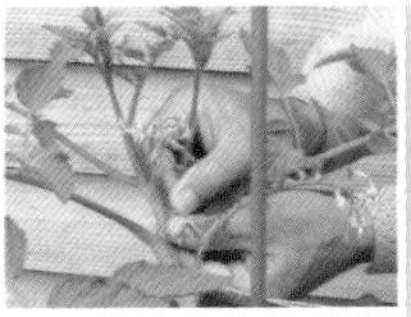

脇芽は手で取る

4 〉収穫

赤くなったものから順次収穫します。鳥に狙われるようなら、少し色付いたら収穫してください。室内に置いておけば追熟して赤くなります。

15　果菜類　ピーマン

Green pepper / Bell pepper　　ナス科

栽培カレンダー　●苗の植え付け　●収穫

3月	4月	5月	6月	7月	8月	9月	10月	11月	12月	1月	2月

育て方
動画サイト

おすすめのプランターサイズ

土が多い方が良いので、深さのある菜園プランターで育てます。高さ100㎝の支柱3本も準備してください。

特徴

ピーマンにはオーソドックスなもの、ジャンボサイズ、苦味の少ないもの、赤や黄色のカラーピーマンなどいろいろな品種があります。カラーピーマンより肉厚のパプリカもピーマンの仲間ですが、これらは色付くまで時間が掛かり、実が傷みやすいので、家庭菜園ではあまりおすすめできません。育てるならミニパプリカなど、小さいサイズのものを選んでください。

1 〉苗の植え付け

❶プランターには底が隠れる程度の鉢底石や赤玉土の大粒を入れてから、9分目まで園芸用土を入れます。

❷プランターの底から水が出るまでたっぷり水やりをして、土を湿らせます。

❸幅50〜60㎝のプランターなら、苗を1つ植え付け、仮支柱を立てます。

・苗を植える穴は、プランターのまん中に直径10㎝、深さ5〜6㎝あけます。

・肥料を入れる穴は、プランターの両脇に直径10㎝、深さ10㎝あけます。

❹苗を植える穴に水を入れます。水が引いたところで苗を植えます。肥料を入れる穴に、粉状の醗酵油かすとバーク堆肥を1:1に混ぜた肥料を2握り入れます。粉状の醗酵油かすがなければ、粒状でも大丈夫です。

❺地表面にバーク堆肥を厚さ3㎝で敷き詰め、たっぷりと水やりをします。

バーク堆肥を厚さ3㎝敷き詰める

{ その他の注意点 }

苗選びのポイント
①双葉が付いている
②茎が太い
③一番花が咲いている

2 〉追肥

有機肥料、化成肥料の追肥なら2〜3週間に1回です。

追肥

◎有機肥料(粉末の醗酵《はっこう》油かす)の場合…粉状の醗酵油かすを粉雪が舞う程度ばらまいた上に、バーク堆肥を厚さ3㎝で敷き詰めます。

◎化成肥料の場合…土の量1ℓあたり1gを目安にバラまいた上に、バーク堆肥を厚さ3㎝で敷き詰めます。

◎液体肥料のみの場合…1週間に1回、規定の希釈倍率で与えます。2〜3週間に1回、バーク堆肥を厚さ3㎝で敷き詰めます。

※地表面が固くなってきたら、移植ゴテや割りばしなどで地表深さ1〜2㎝を耕します。通気性、排水性が良くなり、野菜が元気に育ちます。

3 〉誘引など

苗が30㎝以上になったら、支柱を3本立てます。メインの茎と元気そうな脇芽《わきめ》を2本のばし、計3本仕立てにします。

3本仕立て

4 〉収穫

大きくなったものから順次収穫します。

大きくなったら収穫

16　果菜類　キュウリ

Cucumber　　ウリ科

栽培カレンダー　●苗の植え付け　●収穫

	3月	4月	5月	6月	7月	8月	9月	10月	11月	12月	1月	2月
苗の植え付け			●	●	●							
収穫					●	●	●					

＼育て方動画サイト／

おすすめのプランターサイズ

土が多い方が良いので、深さのある菜園プランターで育てます。高さ150㎝以上のリング支柱も準備してください。

特徴

スーパーに売っているキュウリは表面がツルツルで濃い緑色のほっそり品種が多いですが、自分で育てると一気にバリエーションが増えます。イボの多いものや白っぽいもの、ミニサイズなどいろいろ選ぶ楽しみ、食べる楽しみが増えます。

1 〉苗の植え付け

❶プランターには底が隠れる程度の鉢底石や赤玉土の大粒を入れてから、9分目まで園芸用土を入れます。

❷プランターの底から水が出るまでたっぷり水やりをして、土を湿らせます。

❸幅50～60㎝のプランターなら、苗を1つ植え付けます。

・苗を植える穴は、プランターのまん中に直径10㎝、深さ5～6㎝あけます。

・肥料を入れる穴は、プランターの両脇に直径10㎝、深さ10㎝あけます。

❹苗を植える穴に水を入れます。水が引いたところで苗を植えます。肥料を入れる穴に、粉状の醗酵油かすとバーク堆肥を1:1に混ぜた肥料を2握り入れます。粉状の醗酵油かすがなければ、粒状でも大丈夫です。

❺地表面にバーク堆肥を厚さ3㎝で敷き詰め、たっぷりと水やりをします。

❻リング支柱を立てます。苗を麻ヒモなどでリング支柱に結びます。

{ その他の注意点 }

苗には「自根苗《じこんなえ》」と「接木苗《つぎきなえ》」があります。新しい土で初めて育てる場合は「自根苗」で十分です。自根苗とは、タネを土にまいて育てた、いわゆる普通の苗です。オレンジ色のウリハムシは見つけ次第、捕殺します。葉に白いカビが発生するうどん粉病は、真っ白になった葉のみ取り除きます。

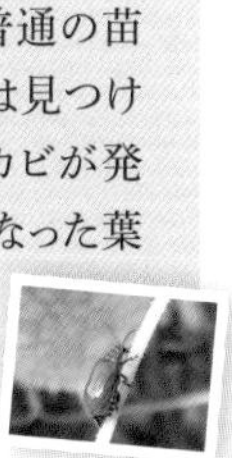

ウリハムシ

2 〉追肥

有機肥料、化成肥料の追肥なら2～3週間に1回です。

追肥

◎有機肥料（粉末の醗酵《はっこう》油かす）の場合…粉状の醗酵油かすを粉雪が舞う程度ばらまいた上に、バーク堆肥を厚さ3㎝で敷き詰めます。

◎化成肥料の場合…土の量1ℓあたり1gを目安にバラまいた上に、バーク堆肥を厚さ3㎝で敷き詰めます。

◎液体肥料のみの場合…1週間に1回、規定の希釈倍率で与えます。2～3週間に1回、バーク堆肥を厚さ3㎝で敷き詰めます。

※地表面が固くなってきたら、移植ゴテや割りばしなどで地表深さ1～2㎝を耕します。通気性、排水性が良くなり、野菜が元気に育ちます。

3 〉誘引など

一般的には成長途中で脇芽を切る方法が紹介されていますが、あえて脇芽は切りません。このようにすると、長い期間コンスタントに収穫でき、病気にもなりにくいです。

4 〉収穫

大きくなったものから順次収穫します。採り遅れると大きくなり過ぎ、株が弱ります。

大きくなったら収穫

暑くてもオクラは元気。花もオクラの味が楽しめます

17 果菜類 オクラ

Okra アオイ科

栽培カレンダー ●苗の植え付け ●収穫

3月	4月	5月	6月	7月	8月	9月	10月	11月	12月	1月	2月
		●	●								
				●	●	●					

育て方
動画サイト

おすすめのプランターサイズ

土が多い方が良いので、深さのある菜園プランターで育てます。

特徴

暑い地域の植物なので寒さに弱く、10℃以下なら成長しませんし、霜に当たると枯れてしまいます。最高気温が25℃以上を持続しないと成長も良くありません。6月に入って、最高気温が30℃以上になると一気に成長します。オクラの品種でポピュラーなものは、断面が5角形の星型ですが、沖縄の島オクラに代表される丸オクラや、茎も実も赤いベニオクラもあります。

1 〉苗の植え付け

❶プランターには底が隠れる程度の鉢底石や赤玉土の大粒を入れてから、9分目まで園芸用土を入れます。

❷プランターの底から水が出るまでたっぷり水やりをして、土を湿らせます。

❸幅50〜60cmのプランターなら、苗を1つ植え付けます。一般的な苗は1ポットに3〜4苗入っています。1苗ごと植えたくなりますが、苗や根をバラさず1カ所に植え付けることがポイントです。これを守らないと、根付かず枯れてしまいます。本葉が3〜4枚になったら、ここで1苗にします。

・苗を植える穴は、プランターのまん中に直径10cm、深さ5〜6cmあけます。

・肥料を入れる穴は、プランターの両脇に直径10cm、深さ10cmあけます。

❹苗を植える穴に水を入れます。水が引いたところで苗を植えます。肥料を入れる穴に、粉状の醗酵油かすとバーク堆肥を1:1に混ぜた肥料を2握り入れます。粉状の醗酵油かすがなければ、粒状でも大丈夫です。

❺地表面にバーク堆肥を厚さ3cm敷き詰め、たっぷりと水やりをします。

{ その他の注意点 }

枯れた下葉は取り除きます。

2 〉追肥

有機肥料、化成肥料の追肥なら2〜3週間に1回です。

追肥

◎有機肥料(粉末の醗酵《はっこう》油かす)の場合…粉状の醗酵油かすを粉雪が舞う程度ばらまいた上に、バーク堆肥を厚さ3cmで敷き詰めます。

◎化成肥料の場合…土の量1ℓあたり1gを目安にバラまいた上に、バーク堆肥を厚さ3cmで敷き詰めます。

◎液体肥料のみの場合…1週間に1回、規定の希釈倍率で与えます。2〜3週間に1回、バーク堆肥を厚さ3cmで敷き詰めます。

※地表面が固くなってきたら、移植ゴテや割りばしなどで地表深さ1〜2cmを耕します。通気性、排水性が良くなり、野菜が元気に育ちます。

3 〉誘引など

メインをのばし1本仕立てにします。オクラは木のようになるので、通常支柱は不要ですが、風が強い場合は支柱を1本立てて結束しましょう。

4 〉収穫

家庭菜園の場合、小さなオクラを早採りすれば、生でもやわらかい食感が楽しめます。また、花オクラといって花を食べるためのオクラもありますが、どの品種でも花びらを野菜サラダにトッピングして食べることができます。

赤い色のオクラ

18 果菜類 ナス

Eggplant ナス科

栽培カレンダー ●苗の植え付け ●収穫

育て方
動画サイト

3月	4月	5月	6月	7月	8月	9月	10月	11月	12月	1月	2月
		━	━								
				━	━	━	━				

おすすめのプランターサイズ

土が多い方が良いので、深さのある菜園プランターで育てます。高さ100㎝の支柱3本も準備してください。

特徴

ナスは食物繊維が多く含まれています。果皮の紫色はポリフェノールの一種の「ナスニン」と呼ばれる色素です。天ぷら、焼きナス、煮物、炒め物、漬物などと広く使える、大変便利な食材です。特に油によく合うので、揚げ物や炒め物に向いています。

1 〉苗の植え付け

❶プランターには底が隠れる程度の鉢底石や赤玉土の大粒を入れてから、9分目まで園芸用土を入れます。

❷プランターの底から水が出るまでたっぷり水やりをして、土を湿らせます。

❸幅50〜60cmのプランターなら、苗を1つ植え付け、仮支柱を立てます。

・苗を植える穴は、プランターのまん中に直径10cm、深さ5〜6cmあけます。

・肥料を入れる穴は、プランターの両脇に直径10cm、深さ10cmあけます。

❹苗を植える穴に水を入れます。水が引いたところで苗を植えます。肥料を入れる穴に、粉状の醗酵油かすとバーク堆肥を1:1に混ぜた肥料を2握り入れます。粉状の醗酵油かすがなければ、粒状でも大丈夫です。

❺地表面にバーク堆肥を厚さ3cmで、敷き詰め、たっぷりと水やりをします。

ナスの花

{ その他の注意点 }

水を必要とするので、毎日たっぷりの水を与えます。8月に草丈の半分まで切り戻すと、9月に新しい茎や葉が成長して、秋ナスが収穫できます。

2 〉追肥

有機肥料、化成肥料の追肥なら2〜3週間に1回です。

追肥

◎有機肥料（粉末の醗酵《はっこう》油かす）の場合…粉状の醗酵油かすを粉雪が舞う程度ばらまいた上に、バーク堆肥を厚さ3cmで敷き詰めます。

◎化成肥料の場合…土の量1ℓあたり1gを目安にバラまいた上に、バーク堆肥を厚さ3cmで敷き詰めます。

◎液体肥料のみの場合…1週間に1回、規定の希釈倍率で与えます。2〜3週間に1回、バーク堆肥を厚さ3cmで敷き詰めます。

※地表面が固くなってきたら、移植ゴテや割りばしなどで地表深さ1〜2cmを耕します。通気性、排水性が良くなり、野菜が元気に育ちます。

3 〉誘引など

苗が30cm以上になったら、支柱を3本立てます。メインの茎と元気そうな脇芽《わきめ》を2本のばし、計3本仕立てにします。

4 〉収穫

大きくなったものから順次収穫します。

大きくなったものから収穫

1つのプランターで、これだけ
収穫できる

19 根菜類 ミニダイコン

Japanese white radish アブラナ科

栽培カレンダー ●タネまき ●収穫

育て方
動画サイト

3月	4月	5月	6月	7月	8月	9月	10月	11月	12月	1月	2月

春の種まきもできますが、害虫が多いのでおすすめできません

おすすめのプランターサイズ

土が多い方が良いので、深さのある菜園プランターで育てます。使用するプランターに合った、防虫ネットセットも準備してください。

特徴

ダイコンの品種は根の上部が緑になる青首種と、緑にならない白首種があります。近年は生食にも漬物にも向く青首が主流です。なお、無農薬栽培の葉ならば、漬物などにも利用できます。ダイコンにはジアスターゼ（アミラーゼ）が含まれていて、消化を助けてくれます。また、ビタミンCも多く含まれているので、風邪の予防にもなります。

1 〉苗の植え付け

❶プランターには底が隠れる程度の鉢底石や赤玉土の大粒を入れてから、9分目まで園芸用土を入れます。

❷プランターの底から水が出るまでたっぷり水やりをして、土を湿らせます。

❸ミニダイコンの場合10㎝間隔に1㎝の穴をペットボトルのフタなどで作ります。

❹1カ所3～4粒のタネをまき、まわりの土を軽く被せ、軽く押さえます。（タネは、春まき用か秋まき用の品種かを確認します）

❺やさしく水やりし、最後に防虫ネットを設置します。

ミニダイコンの点まき

1カ所1苗にする

{ その他の注意点 }

日常の水やりは地表面が乾いたら、鉢底から流れるまでたっぷり与えてください。

2 〉間引きと追肥

❶本葉が2～3枚になったら1カ所に1本の苗にします。

❷間引きの後に粉状の醗酵油かすを粉雪が舞う程度にバラまいた上に、バーク堆肥を厚さ3㎝で敷き詰めます。

❸追肥

化成肥料の追肥なら2～3週間に1回です。

追肥

◎化成肥料の場合…土の量1ℓあたり1gを目安にバラまき、毎回化成肥料をまいた上に、バーク堆肥を厚さ3㎝で敷き詰めます。

◎液体肥料のみの場合…1週間に1回、規定の希釈倍率で与えます。2～3週間に1回、バーク堆肥を厚さ3㎝で敷き詰めます。

※地表面が固くなってきたら、移植ゴテや割りばしなどで地表深さ1～2㎝を耕します。通気性、排水性が良くなり、野菜が元気に育ちます。

3 〉収穫

上にのびていた葉が外側に開いてきたら収穫します。下葉が黄色くなったものは取り除き、風通しを良くしてください。収穫するまで防虫ネットは付けたままです。自家製切り干し大根づくりは、カットしたダイコンを竹ざるなどの上に並べて、風通しと日当たりの良いベランダやバルコニーで乾燥させます。花粉やホコリが気になるなら、日当たりの良い窓辺でも結構です。エアコンの下などは風が当って乾燥しやすいです。

20 根菜類 コカブ

Turnip

アブラナ科

栽培カレンダー タネまき 収穫

3月	4月	5月	6月	7月	8月	9月	10月	11月	12月	1月	2月

春の種まきもできますが、害虫が多いのでおすすめできません

育て方
動画サイト

おすすめのプランターサイズ

プランターの深さは15cmあれば十分です。使用するプランターに合った、防虫ネットセットも準備してください。

特徴

白や赤、ピンク色の品種があります。カブの根にはデンプンを分解するジアスターゼが多く含まれ、胃腸の働きを助けてくれます。また、根や葉にはビタミンA、B2、C、カルシウム、鉄、さらには食物繊維が多く含まれています。

3 〉追肥の説明

化成肥料の追肥なら2〜3週間に1回です。

追肥

◎化成肥料の場合…土の量1ℓあたり1gを目安にバラまいた上に、バーク堆肥を厚さ3㎝で敷き詰めます。

◎液体肥料のみの場合…1週間に1回、規定の希釈倍率で与えます。2〜3週間に1回、バーク堆肥を厚さ3㎝で敷き詰めます。

※地表面が固くなってきたら、移植ゴテや割りばしなどで地表深さ1〜2㎝を耕します。通気性、排水性が良くなり、野菜が元気に育ちます。

4 〉収穫

収穫サイズの目安

小カブ…直径4〜5㎝くらい
中カブ…直径8〜10㎝くらい
大カブ…直径20〜30㎝くらい

根が肥大したものから順次間引くようにして収穫します。収穫が遅れると、すが入ったり、根にひび割れを起こすので、早めに収穫します。

葉も食べることができる

{ その他の注意点 }

日常の水やりは地表面が乾いたら、鉢底から流れるまでたっぷり与えてください。

1 〉タネまき・防虫対策

❶プランターには底が隠れる程度の鉢底石や赤玉土の大粒を入れてから、9分目まで園芸用土を入れます。

❷プランターの底から水が出るまでたっぷり水やりをして、土を湿らせます。

❸10㎝間隔に1㎝の穴を、ペットボトルのフタなどであけます。

❹1カ所3〜4粒のタネをまき、まわりの土を軽く被せ、軽く押さえます(タネは、春まき用か秋まき用の品種かを確認します)。

❺やさしく水やりし、防虫ネットを設置します。

タネまき6日目

2 〉間引きと追肥

❶本葉が2〜3枚になったら1カ所に1本の苗にします。

❷間引きの後に、粉状の醗酵油かすを粉雪が舞う程度にバラまいた上に、地表面にバーク堆肥を厚さ3㎝で敷き詰めます。

1カ所に1苗にする

あとがき

私の野菜づくりは、20年前ベランダで刻みネギを栽培するところからスタートしました。手をかけると、ちゃんと応えてくれる野菜たちとの交流が楽しくなって、どんどんプランターが増えていきました。やがて自給自足を意識し始め、農作業の時間を捻出するため、職場まで自転車で10分という職住近接を実現させました。往復4時間弱の通勤時間を、農作業に充てることが可能になったのです。職種にもよりますが、昨今は在宅勤務やリモート会議が増え、こういった時間は以前より生み出しやすくなったのではないかと思っています。

現在私は、300坪の水田と100坪の畑を農家さんから借りています。水田では家族5人が1年で食べるだけのお米を、畑ではジャガイモやタマネギ、カボチャ、ラッキョウ、ニンニクなど、比較的放任管理できる野菜を栽培しています。トマトやキュウリなど実もの野菜や、コマツナ、チンゲンサイなどの葉もの野菜は、管理の行き届く自宅の庭のプランターで育てています。

ところで現代においては、世界各国で巨額の資金を投入し、ウイルスの特

効薬やワクチン開発にしのぎを削っています。私は、この件に異を唱えるつもりはありません。ただ過去において、人類が病いと戦う時の武器は、我々の免疫力や自然治癒力、そしてこころの有り様ではなかったか、と私は思うのです。これらの力を高めるためには、バランスのとれた良質な食物や適度な運動、十分な睡眠などが必要だと思っています。みなさんもぜひ、この武器も怠りなく磨いてくださいね。

当たり前のことですが、明日のことはすべて見通せるわけではありません。でもそれをふと実感する時、だれしも何かしら不安な気持ちに陥るものです。このような時こそ、実現性のある素敵な未来を自分の手で仕込んでおくというアクションはとても大切なことだと思います。私なら、タネをまくであったり苗を植えてみるといったところでしょうか。自ら育てた野菜だとわずかでも、必ず味わって食べている自分に気づくことでしょう。そして、買った野菜では感じにくい太陽や空気や水などの恩恵やありがたみを感じ、ひいては自然界で起こる様々な現象を、ありのまま受け入れられる安定した精神を得ることができるのではないでしょうか。そのようなことを考えつつ、今日も私は土にタネをまいています。

はた あきひろ

ペットボトルからはじめる

水耕栽培と
プランター菜園

発行日　2021年4月25日　第1刷
2023年3月10日　第2刷

著 者　はたあきひろ

発行者　清田名人

発行所　株式会社内外出版社
〒110-8578　東京都台東区東上野2-1-11
電話03-5830-0237（編集部）
電話03-5830-0368（企画販売局）

印刷・製本　中央精版印刷株式会社

編集協力　押田雅博（押田編集研究所）
デザイン　しろいろ（山内なつ子・小筆夏海）
動画制作　藤岡秀和

ISBN 978-4-86257-549-4